中堅・中小企業の ビジネス・イノベーション

「関西IT百撰」から学ぶ三つの法則

湯浅 忠
Tadashi Yuasa

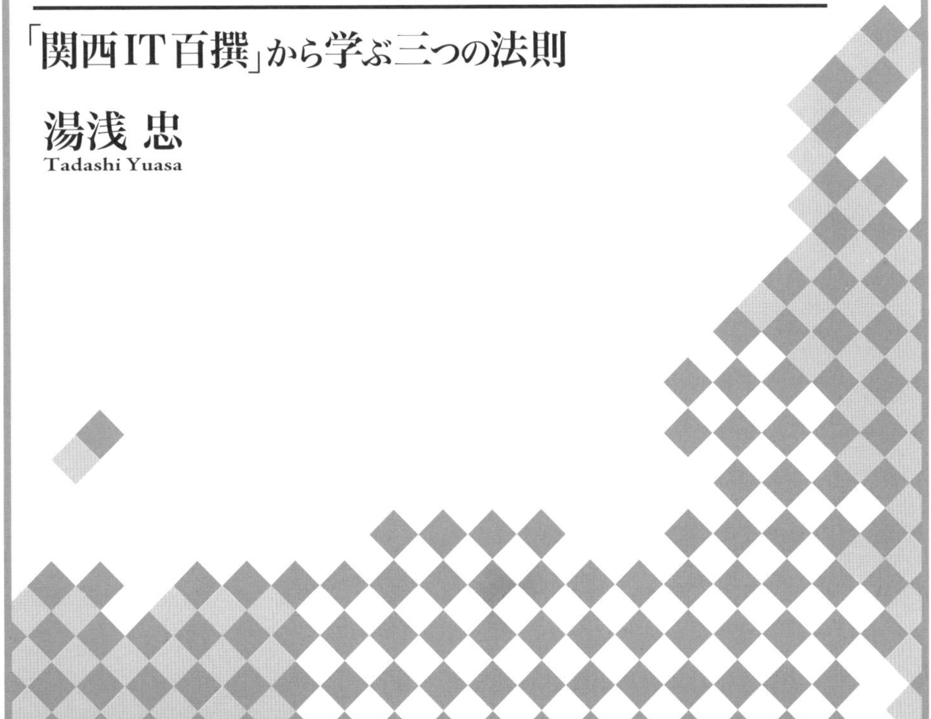

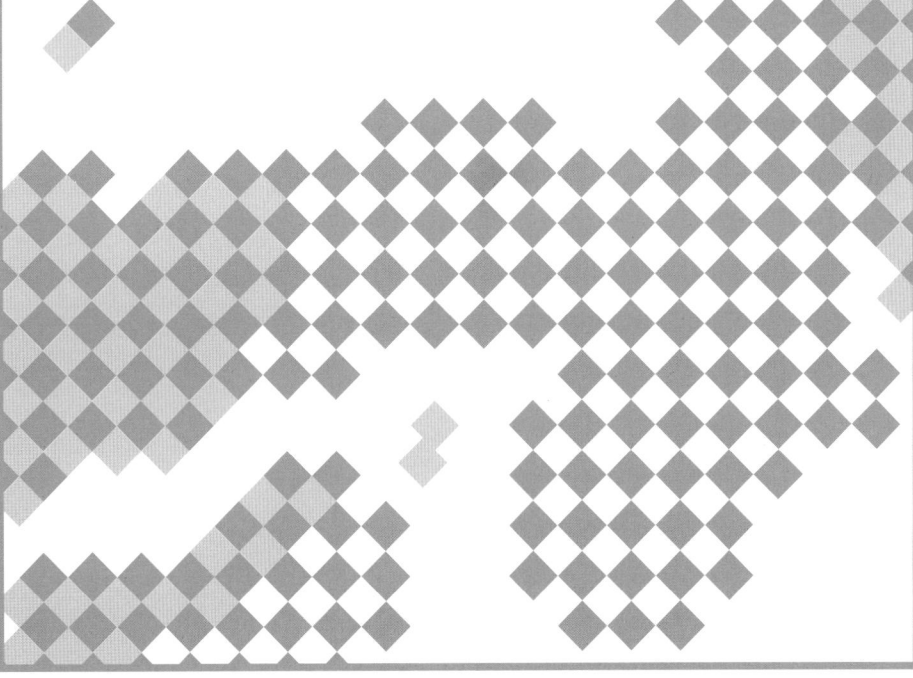

関西学院大学出版会

はしがき

　SNS（ソーシャルネット・ワーキング・サービス）は、経済社会や産業界を急速に変えている。情報は国境、企業の壁、組織、個人を超え、コミュニケーション革命とも言われ、経済はおろか社会、政治、技術、文化そしてくらしをも変えようとしている。産業界では、情報の取引コストの激減と伝達スピードが飛躍的に向上して従来のビジネス秩序を崩壊し、企業と市場の距離や区分が明確でなくなり、新しいビジネス・モデルの台頭が起きている。また企業経営では、新しい経済性原理によるパラダイムチェンジが起こり、従来の経済体の情報ネットワーク経営から全方位のあらゆる経済体・組織・人の情報融合による知識経営に変わろうとしている。企業経営は外部環境の変化に適応させるために企業内部の経営資源の見直しをはじめ、ビジネス・システムの改革・改善と新しいビジネス・モデル創造のビジネス・イノベーションを迫られている。

　日本経済はバブル崩壊後、グローバル化と経済再生の対応を迫られ、経済産業省や総務省が中心となってIT活用に関するいろいろな施策を進めてきた。一方関西経済は、1955年前後をピークに経済の地盤沈下が始まり、それは東京一極集中化による本社機能の移転、製造業への固執、金融・サービス業の構造転換の乗り遅れなどが理由と言われている。さらに関西経済は製造業やその関連する中小企業の比率が高い構造が重なって長い不況に喘いでいた。経済再生は関西財界にとって大きな命題であり、在阪経済団体の五者は、関西経済連合会が中心となり中央の動きに合わせて2001年関西IT戦略会議を発足させ、IT活用による企業再生や新しい事業創造の方向に向けて動き出した。

　本書を著す筆者の動機は二つあり、一つは筆者がシステムソリューションを生業とするビジネスの世界から、学の世界に移り、社会人大学院の場で経営課題とビジネス・ソリューションに関するテーマを持って

いたからである。もう一つは関西IT戦略会議の発足当初から、中堅・中小企業の活性化を目的とした「関西IT百撰」プロジェクトに参加し、多くの経営者と接し経営とIT活用について学んだ。そして2014年、14回目を契機に、顕彰企業の共通的な課題と実践の法則を導出し、その理論的な裏付けを行うことによって、もっと広く経営者や実務家のリーダーに理解を深めていただこうと思ったからである。

　本書の趣旨と構成は、「関西IT百撰」顕彰企業の取り組みに関する背景・目的・効果の考察から、共通的な課題と実践方法の法則を導出し、取組内容を理論的に体系化したものである。本書の趣旨は、他の企業にとって十分参考となる顕彰企業の紹介と評価分析から教訓を学び、自社の経営改革・改善に生かしていただきたいのである。顕彰企業の選考は、応募企業の中から、経営改革・改善とIT活用に対する取り組みの評価と経営者自らのリーダーシップや熱い思いの両面から総合評価によって選ばれている。

　本書の構成は、第1部ではまず「関西IT百撰」の目的や活動内容を紹介し、顕彰企業約100社の分析から共通した課題としてビジネス・イノベーションと実践の三つの法則を導いている。そして製造業、サービス業、公共性の強い病院の経済体を選び、経営とIT活用による実践過程を紹介している。後半の第2部では課題のビジネス・イノベーションと実践の三つの法則について理論的な裏付けをしている。ビジネス・イノベーションとして二つの類型、一つは経営改革・改善のビジネスプロセス・イノベーション、もう一つはインターネットやモバイルなどSNS社会の新しいビジネス・モデル創造のマーケティング・イノベーションである。実践の三つの法則は、第1に経営者のリーダーシップ、第2にITの戦略的活用、第3に企業を継続的に変えていく色々な能力としての社員力の強化である、としている。

```
課題：ビジネス・イノベーション
課題その1：　合理性と効率性を追求するビジネスプロセス・イノベーション
課題その2：　インターネット社会のマーケティング・イノベーション
            実践の法則
    法則1：　経営者のリーダーシップ
    法則2：　ITの戦略的活用
    法則3：　社員力の強化
```

　本書の結論は、企業が持続的な成長を続けていく課題がビジネス・イノベーションであり、その実践の法則は、経営者のリーダーシップ、ITの戦略的活用、実践を支える社員力の強化としている。本書の趣旨は、すでに述べた通り顕彰企業の成功要因について他の企業の方に参考にしていただくことであるが、大半の企業事例は対象市場が国内市場である。補足したい点は、今後の課題として海外への進出による多角化や新市場開拓に関するビジネス・イノベーションの重要性を指摘したい。ビジネス・イノベーションは、国内外の市場や古今東西を問わず普遍的であるが、各国固有の経済、政治、社会、技術システムに対する理解はもちろんのこと、特に歴史、文化、慣習などの異文化経営の視点からコミュニケーションを重視することである。

　本書の出版にあたって多くの方に感謝を申し上げなければならない。企業事例として取り上げさせていただいた三つの経済体の経営者の方々、また「関西IT百撰」プロジェクトのヒアリングの場で経営とIT活用について教えていただいた経営者の方達、さらにこうした機会を与えていただいたNPO法人「IT百撰アドバイザー・クラブ」の理事長をはじめ、企業訪問などご一緒させていただいた多くのアドバイザーの仲間の皆さん、そして関西経済発展のために当出版を快く引き受けていただいた関西学院大学出版会の方々にも深く謝意を表したい。本当に多くの皆様に心から感謝を申し上げ、当書籍が少しでも関西経済の活性化の

お役にたつことを祈る次第である。
　また経済、経営、IT 用語が多用されているが紙面の都合で十分説明がなされていない点は、ネット等の用語集で確認、あるいは昨年の著書『SNS 時代の論理と感性による企業改革——イノベーションの創発と組織能力の強化・拡大』をご参考の上、ご理解を深めていただきたい。

　　2014 年 5 月

　　　　　　　　　　　　　　　　　　　　　　　湯浅　　忠

目　次

はしがき　3

第1部　「関西IT百撰」顕彰企業の成功要因　11

第1章
顕彰企業の課題と実践・成果から導く法則　13

1　「関西IT百撰」の背景と目的　13
2　顕彰企業の選考　15
3　顕彰企業から学ぶ課題としての
　　ビジネス・イノベーションと実践の三つの法則　18
4　顕彰企業の印象的な二つのタイプ別成功事例　23
5　「関西IT百撰」とNPO法人「IT百撰アドバイザー・クラブ」　27

第2章
「汎用生産はシステム化、新しい価値創造は経験と知識」で進化を続けるHILLTOP株式会社　31

1　何がイノベーションに向かわせたか　31
2　経営者のリーダーシップ　33
3　ITの戦略的活用と差別化　35
4　ものづくりの現場を支える社員力　38
5　現在から未来へのHILLTOPシステム　41

第3章
「ローコストと顧客満足」の両立とお客様と
感動を分かち合う「スーパーホテル」へ　　45

  1 なぜ「顧客満足度」日本一なのか　　45
  2 IT活用によるローコストオペレーション　　47
  3 お客様とスタッフが感動を分かち合う
    自律型感動人間と自己実現の人材づくり　　48

第4章
患者、病院、社会の「三方よし」と病院経営「隈病院」　　53

  1 なぜ理念を病院の中核に持ち込むのか　　53
  2 「三方よし」の医療サービス改善と理事長のリーダーシップ　　56
  3 理念を実現するIT活用とその効果　　59

第2部　ビジネス・イノベーションと
　　　　実践の三つの法則　　63

第5章
課題その1　合理性と効率性を追求する
ビジネスプロセス・イノベーション　　65

  1 ビジネス・システムは市場の変化に適応しなければならない　　65
  2 ビジネス・システムの進化はビジネスプロセス・イノベーション　　67
  3 ビジネスプロセス・イノベーションとIT活用　　70

第6章
課題その2　インターネット社会の
マーケティング・イノベーション　　77

  1 変わるマーケティング　　77
  2 インターネット・マーケティングの台頭　　80

3　インターネット社会のマーケティング　84

第7章
法則1　経営者のリーダーシップ　91

　　　　1　経営とIT活用のリーダーシップ　91
　　　　2　リーダーシップの意義とそのあり方　94
　　　　3　コミュニケーションはEQへ、そして感動へ　97

第8章
法則2　ITの戦略的活用　101

　　　　1　経営とIT活用とは　101
　　　　2　IT活用のシーズとニーズ　104
　　　　3　行政や経済団体の指摘　107
　　　　4　企業のIT活用の取組状況と課題　109

第9章
法則3　社員力の強化　115
社員力はビジネス・イノベーションの源泉

　　　　1　なぜ社員力強化なのか　115
　　　　2　社員力は価値観の共有と組織風土から生まれる　118
　　　　3　社員力、リーダーシップ、IT活用のトライアングル　121
　　　　4　社員力の強化と課題　124

補章
情報リテラシーとは？　現状のSNS社会を考える　129

　　　　1　SNS化の潮流は止められない　129
　　　　2　SNS化の動きはこれでいいのか　133
　　　　3　情報リテラシーのあり方　136

第*1*部

「関西 IT 百撰」顕彰企業の成功要因

　関西経済界（関経連など在阪５経済団体）は、2001年、「関西 IT 戦略会議」を発足させた。そのプロジェクト「関西 IT 百撰」とは、IT 活用による業績向上企業を選び、他の企業に啓発と支援活動をすることである。顕彰企業は、特に優れた模範企業として、「関西 IT 百撰フォーラム」やメディアを通して中堅・中小企業に情報発信を行う。すでに 14 年目を迎えており、その応募総数は約 1000 社を超え、顕彰企業が 100 社以上に上っている。
　本書の第１部では、顕彰企業の取組課題と実践や成果の成功要因を明らかにする。共通の課題はビジネス・イノベーションであり、それは業務プロセスの合理性と効率性を追求するビジネスプロセス・イノベーションとインターネット社会における新しいビジネス・モデルのマーケティング・イノベーションである。その実践には、三つの法則があり、経営者のリーダーシップ、IT の戦略的活用、社員力強化、であることが明らかになった。成功事例は製造業、ホテルサービス業、医療法人の三つの経済体を選び、課題と実践の法則を詳しく紹介している。

第1章
顕彰企業の課題と実践・成果から導く法則

> **キーワード**
> 関西IT百撰、ビジネス・イノベーション、実践の三つの法則

1 「関西IT百撰」の背景と目的

経済不況とIT活用

　1990年代初期の日本経済のバブル崩壊は、産業界の金融、財政の面で色々な混乱を招き、景気低迷を余儀なくされた。政府は2001年1月、「高度情報通信ネットワーク社会推進戦略本部（IT総合戦略本部）」を設置し、世界的規模で生じている急激かつ大幅な経済構造の変化に対して迅速性と適確性をもって対応するために、高度情報通信ネットワーク社会の形成に関する施策を重点的に推進することとした。

　政府では日本経済の復興シナリオの論議が盛んに行われていた。情報化時代の中核的な技術と言われるITが経済社会の企業をはじめ、社会、文化、あるいは国民の生活においても、その基本的なコミュニケーションのツールとして、社会のインフラになるという議論である。やがてITは、水や空気のような存在となると言われ、つまりITが「読み、書き、そろばん」と同じように当たり前の時代が確実にやってくるという認識が高まっていた。産業界では、このグローバル化と情報化時代を勝ち抜く企業戦略が必要であり、業界、業種・業態に応じて、その手段や道具としてITを活用していこうという方向性が打ち出された。

関西経済ではすでに1960年頃から経済の著しい地盤沈下が始まっていた。その理由として東京一極集中化による本社機能の移転が進む一方、製造業への固執のあまり、その昔強い力を誇示していた金融・サービス業の構造転換の乗り遅れが影響したと言われている。そうした下降線の上にバブル崩壊の後遺症が重く伸し掛かり、日本の製造品出荷額の全国シェア17％を占める関西経済界は、危機感を持ち関西経済連合会（以下、関経連）をはじめ経済団体が真剣な「関西経済復興シナリオ」に取り組んだのである。

関西経済の経済復興シナリオ

　当時、林［2001］は関西経済復興のシナリオについて次のような指摘をしている。その第1は、製造業では価値創造として商品機能のサービス化と消費者購買の利便性などサービス機能強化を進め、単体機能商品にサービス機能を付加した複合商品開発と顧客目線からの業務プロセスの改革・改善である。第2に、業務プロセスは合理性・効率性の追求と経営資源のムリ・ムダを削減することによって労働生産性を上げることである。第3に新しい産業構造は、既存の要素技術を組み合わせて情報・バイオ・環境機器・健康福祉の関連分野に対して先を読んだ長期的な研究開発に取り組むことを挙げている。第4に企業は変身しないと生き残れないと強調している。そしてその実行には経営改革・改善が必要であり、一大転換の発想に立ち、苦しいときこそ将来を睨んで投資をすべきであると主張している。その投資対象は特に人間への投資とコミュニケーションや情報インフラのIT投資やその戦略的な活用を指摘している。

　よく使われるチャールズ・ダーウインの名言として、『最も強い者が生き残るのではなく、最も賢い者が生き延びるでもない。唯一生き残ることが出来るのは、変化できる者である』がある。企業はSNS時代の変化とスピードの環境変化に経営資源を適応していくことであり、企業成長の持続性を維持確保するために基本的な命題として受け止めるべきである。

関西経済界は動いた

　長きに亘る経済不況にあえぐ関西経済では2001年、在阪経済団体5者の関経連が中心となって色々な議論の結果、経済復興シナリオの方向性の一つがIT活用による企業の活性化や新しい事業創造が課題であるとして関西IT戦略会議を発足させた。関西IT戦略会議は、当初二つの活動部会があり、ひとつはIT活用による関西地区の中堅・中小企業の企業活性化や再生についての支援であり、もう一つはITを要素技術の核にした音楽、映像、コンピュータ技術を融合する新しい事業創造の支援をすることとした。

　前者の具体的な支援活動は、関西地区の中堅・中小企業が経営課題と、IT活用に取り組み業績を上げている企業を選び、その取組内容や経営改革・改善のノウハウを他の企業に広めようとするベストプラクティスの伝道師的な役割である。そのプロジェクトは、「関西IT百撰」と呼称され、経済団体やメディアを通じて応募企業を募り、その中から経営改革・改善とITの戦略的活用によって好業績を上げている企業を選考する。そして特に優れた模範企業を顕彰企業として表彰し、セミナー、メディア、報告書等を通して成功事例を広く発信しようとするものである。他の企業では自社の改革・改善にその事例を役立てていただく目論みである。発信をする舞台が「関西IT百撰フォーラム」であり、その企業選考とフォーラム運営の嘱託を受けて活動をしているのが、ボランティア集団のNPO法人「IT百撰アドバイザー・クラブ」である。

2　顕彰企業の選考

応募企業の評価

　NPO法人　IT百撰アドバイザー・クラブのアドバイザーは、二人一組となって応募企業を訪問して直接経営者と面談を持ち、応募資料の内容について質疑とその成果を確認する。「関西IT活用企業百撰」のヒアリングカードが準備されており、課題の取り組みと順次その項目に

従って5段階評価を行う。評価項目は大別して二つにグループ化されており、一つはITと経営に関する経営課題とソリューションの視点であり、もう一つはIT部門の機能強化と人材育成やITマネジメントの視点である。

　ITと経営の視点は、第1に経営者が企業環境の変化に適応する経営課題やソリューションと情報システムの構築や情報活用に直接的に関与しているかという点である。第2に、経営戦略に従ってシステムの企画と構築は整合性を持ち、顧客目線を始点にした経営改革・改善にIT活用がなされているかという点である。第3にIT活用、特に業務プロセスの管理指標に対して情報サービスが可視化されており、経営者やリーダーがその判断業務を適正に行うことができているかということである。すでに改革・改善に取り組み中の企業では、情報活用が実態把握や新たな課題の発見に繋がり、企業全体の最適化に貢献しているかということである。第4は、企業の多角化として新事業分野の新しいビジネス・モデルがIT活用によって構築あるいは検討されているかという点である。IT活用は企業内の業務プロセスのムリ・ムダを省くだけでなく、企業間と市場消費者の電子空間を共有してニーズに応えるソリューションとして、新しい価値創造モデルへの挑戦と創発である。

　もう一つのIT部門の視点は、情報資源の企画・開発・運用・保守業務とその機能や人材の管理、ITの利活用に対するマネジメントである。

経営者の取り組みとその成果に対する熱情

　経営とIT活用に関する課題と次の三つの視点から取組項目と取組成果について事実確認をしている。第一の視点は現行のビジネス・プロセスを改革・改善をするもので、その要件は①経営戦略とIT活用の整合性や融合化を図る、②業務プロセスの実態が可視化されて改革・改善の支援に繋がること、第二の視点では、③旧来のマーケティング手法にインターネットの特性を取り入れ、企業と消費者の情報空間を共有することによって顧客価値創造の新しいビジネス・モデルの創出に繋ぐ、第三のIT活用強化の視点として、④IT活用を進める安定的なIT基盤の

構築、⑤ITマネジメント体制の確立、⑥IT投資評価の仕組み、⑦IT活用に関する人材の育成、⑧IT導入にまつわるリスク対応の準備である。また企業評価は業績指標だけでなく、組織力やブランド力とリーダーシップや人材育成が重要であると言われている。この前提に立ち、経営とIT活用の多面的な評価は10項目に及ぶ実践内容について応募資料と経営者との面談による確認を行っている。

アドバイザーは面談時、経営とIT活用に関する課題と実践項目の事実確認をし、経営者がリーダーシップを以って経営改革・改善に自ら真剣に取り組んできたかを聞き取る過程である。取組の成果は、第一に中堅・中小企業の経営の業績とIT活用が他社にとって十分参考となる訴求力に関する評価、第二に、業績指標の売上高や経常利益、製造コストや販管費の改善傾向、また新事業分野の多角化展開の状況について、成功に導いた経営者のリーダーシップの関与度を聞く。第三に成果の背景には経営者の戦略的思考性があり、企業環境に適応させるために戦略策定や経営改革・改善の対応、あるいは新しいマーケティング手法のビジネス・モデル創造に取り組んだ経緯と業績の因果関係を明らかにすることである。第四に、長期的な視点から人材重視の考え方と現場力重視の権限移譲について聞いている。

さらに経営者は、経営とIT活用について自らの仕事として自覚を持ち、詳細レベルまで課題や実態とそのソリューションを把握しており、取組成果に対する自信と熱情がひしひしと伝わって来るかどうかである。取組成果の評価は、多面的に業績、改革・改善の実践の評価、経営者の関与や熱情と併せて総合的に行っている。最終的な顕彰企業の選考形態は、アドバイザーが一堂に会して選者会議を持ち、訪問企業のA評価の顕彰理由についてプレゼンテーションを行い、全員の投票による獲得ポイントによって決定される。

3 顕彰企業から学ぶ課題としての
　　ビジネス・イノベーションと実践の三つの法則

顕彰企業の評価分析

　「関西 IT 百撰」プロジェクトは、今まで応募社数およそ 1000 社、選考された顕彰企業は 114 社である。顕彰企業は評価が高い企業のなかからさらにアドバイザーが選考会議の場で選んだ優秀企業であり、それは図表 1-1 の通り、「関西 IT 百撰」顕彰企業の課題と実践及び成果であり、それぞれ課題が四つの取組領域、取組の実践項目が八つ、そして取組成果は経営者と面談者が質疑応答形式で総合的に評価するものである。次頁の評価結果は各視点の個別項目の観測データのまとめである。

　さらに 21 頁の各視点別の件数分布は観測データの出現件数の集計結果である。単純なこの手法を用いた背景は、評価が定性的・感覚的であることと特に取組成果は数値指標だけでなく経営者の取組意欲や熱い情熱に大きく左右されるからである。

　評価分析の結果は第一に、経営者自身が自社の経営課題について十分な認識をし、経営改革・改善に関して従業員全員と危機感と方向性を共有していることである。面談時の経営者はリーダーシップをもって経営戦略や改革・改善に取り組み、人や組織を動かす牽引や自負の熱い語り口が見られた。

図表 1-1　「関西 IT 百撰」顕彰企業の課題と実践及び成果

【課題と評価視点（取組の実践項目及び取組成果）】

課題の取組領域	取組の実践項目	取組成果 （経営者面談の評価）
①業務プロセスの改革・改善 ②新しいビジネス・モデル（仕組み） ③IT 機能の強化・導入 ④その他	① 経営戦略と IT 戦略（活用）の整合性・融合性 ② 業務プロセスの可視化と改革・改善 ③ 顧客創造と新しいビジネス・モデル創造 ④ IT 基盤と他の自動機器との連携 ⑤ IT マネジメント体制 ⑥ IT 投資評価の仕組み ⑦ IT 活用に関する人材の育成 ⑧ IT 導入とリスク管理	① IT 活用は他社に十分参考？ ② 財務指標の業績は誇れる？ ③ 経営者は経営と IT 活用にリーダーシップを発揮？ ④ 経営者は人材重視と現場委譲？

第1章　顕彰企業の課題と実践・成果から導く法則　19

【課題と実践項目及び取組成果の評価結果】

年度	最優秀企業名	課題	実践項目	取組成果	優秀企業名
2001	サンコーインダストリー（株） （株）たねや	①、③ ①、④	①、②、③ ②、①、④	①、②、③ ①、②、④	アートコーポレーション、(有)大阪製作所 タビオ(株)、(株)トパック (株)二六製作所、ペガサスミシン製造(株)
2002	（株）くら寿司 （株）もりもと 山本精工（株）	①、③ ①、③ ①、②	④、②、③ ①、②、⑤ ①、②、③	③、④、② ③、①、② ①、③、④	(株)アン、(株)ウシオライティング (株)J・S・L、(株)ヒメプラ 中川木材産業(株)、(有)プレマ
2003	昭和電機（株） 東海バネ工業（株）	①、③ ①、②	②、① ③、①	①、③ ③、①、④	(株)共伸技研、(株)小堀、(株)サポート (株)J・S・L、(株)チャイルドハート (株)マース
2004	サンコーインダストリー（株）	①、③	①、②、④	①、③、②	三和メッキ工業(株)、東海バネ工業(株) 日本ジャバラ工業(株)、枚岡合金工具(株) フジ矢(株)、(有)ベルウッドクリエイツ (株)ミヤジマ
2005	東海バネ工業（株）	①、③	③、①	③、①、④	(有)アーカム、アイトス(株) (株)センシュニコ、(株)柿の葉すし本舗たなか (株)日本 A・M・C
2006	昭和電機（株） 山本精工（株） （株）レザック	①、② ①、② ①、③	③、①、② ①、②、③ ②、①	②、①、③ ④、③、① ②、①、	京都試作ネット、サワダ精密（株） ゼット(株)、大日メタックス(株) ノーブルトレーダース(株) (株)ホワイト・ベアファミリー マロニー(株)、レイ・クリエーション
2007	アイパークシステム(株) （株）ツルガ 夢の街創造委員会(株)	①、③ ②、③ ②、③	③、① ①、②、⑧ ③、①	③、①、② ①、②、③ ①、②、③	エイテック(株)、(株)サカエヤ、J・ライン(株) 京都試作センター（株）、(株)にっこう社 日本フッソ工業（株）、(株)ピーアンドエフ
2008	（株）スーパーホテル （株）ソーキ	①、③ ①、②	①、②、④ ①、②	③、②、① ②、③、④	(株)京都工芸、三和メッキ工業、(株)新和 シナジーマーケティング(株)、治部電気(株) (株)高橋ふとん店、日本ローカルネットワーク協同組合連合会
2009	（株）旬材 三元ラセン管工業（株）	②、③ ①、③、	①、② ①、②	③、①、② ①、③、④	(株)イーエスプラニング、(株)エンツギウム 赤松化成工業（株）、(株)伍魚福、 (株)キャラット、(株)くれない、松村(株)
2010	（株）クロスエフェクト （株）六甲歯研	①、③ ①、②	①、③ ①、③、④	③、① ③、①、④	丸十運送（株）、(株)ツルガ (有)福梅本舗 フジノ商事（株）、K・マシン （株）セキセイ(株)、(株)翻訳センター
2011	（株）シンコーメタリコン	①、②	①、②	②、③、①	(株)にっこう社、(株)アクラム (株)のぞみ、ワークアップ、大晃設備(株) ドクター・オブ・ジ・アース (株)大阪鉛錫製錬所、兵神装備（株）
2012	(学法)西大和学園	①、③	①、③	③、①、④	岡本(株)、カタギ食品(株) (株)ココロワークス、大創(株) 日本マルコー(株)、(有)プラスラボラトリー (株)豊興、(株)モトックス
2013	（株）アッシュ 累計：24社	②、③	③、①	③、①、④	(株)塚谷刃物製作所、(株)システムリースA (株)マザープラス、(医法)隈病院 キャラメルカフェ(株)、(株)アーテック (株)エンジニア、(株)広瀬製作所

出所）　筆者作成

第二は経営改革・改善の取り組みにITの戦略的活用がなされている点である。グローバル化と飽和市場がもたらす消費者行動の多様性に対応して、市場・消費者の目線による販売・流通戦略として、その業務プロセスに有意性と利便性が見られることである。その業務プロセスの改革・改善にIT活用がなされていることである。

　第三に、従来の商慣習や業界のビジネス形態から想像出来なかった新しいビジネス・モデルへの創造である。それは、流通形態の垂直型構造や多層構造から脱皮し、インターネット活用によって提供側と消費者側の需給に関するマッチング機能や買い物弱者層への仕組み作りが成功していることである。

　第四に、顧客満足度指向の考え方が業務プロセスに反映され、現場層が持つ固有の技術や技能、顧客との関係性を維持する知識や経験の表出化によってシステム化している点である。またベテランとか熟練工と言われる従業員には処遇や再生で応え、その余力を知識による新しい創造的な領域に仕向けられている点である。

　第五に、IT部門の機能や位置づけとして、企画・開発・保守の機能さらに情報セキュリティや自然災害時の対応策が考えられ、IT資源が総合的に管理されているかという点である。またIT部門では経営とIT活用について、IT動向に関心を持つコミュニケーション能力の高い人材育成が必要である。

顕彰企業から学ぶビジネス・イノベーションと実践の三つの法則

　図表1-1の評価結果は、図表1-2の集計された件数分布から共通の課題と主たる実践項目を明らかにしている。共通課題は取組領域に関する、ビジネス・イノベーションであり、一つは、市場や業界環境の変化に適応させる経営戦略と経営資源の改革・改善に伴う業務プロセスの再構築である。もう一つは、SNS化が進む経済社会の中で、新しいマーケティング手法によるビジネス・モデルを創造することである。

　実践項目と取組成果は、図表1-2に示す評価結果の件数分布から実践

図表1-2 顕彰企業の課題と実践、成果の件数分布

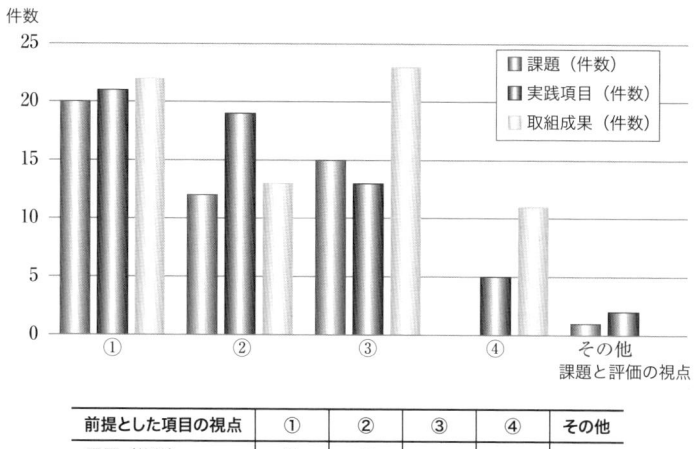

前提とした項目の視点	①	②	③	④	その他
課題（件数）	20	12	15		1
実践項目（件数）	21	19	13	5	2
取組成果（件数）	22	13	23	11	

出所）　筆者作成

　の三つの法則を導き出している。第一の法則は、経営者の強力なリーダーシップであり、顧客目線と現場重視の視点から見た改革・改善の実践は、意識改革と実践の進行と結果に対する牽引力が必須要件であるといえる。

　第二の法則はITの戦略的活用である。経営改革・改善は業務プロセスに関して計画のムリや在庫のムダを省く合理性と効率性を追求する取り組みである。この解決には業界の慣習や双方の利害が長きに亘って作られた改革や改善が課題であり、新しい業務プロセスの再設計が必要となる。またスマホに代表されるモバイル、インターネット、コンピュータが、ユーザーニーズと商品・サービスのマッチング機能や購買機能を支援する新しいビジネス・モデルである。

　第三の法則は社員力強化と人材育成である。スキルやノウハウは表出化とシステム化によってその余力を新しい創造的な領域に振り向けることである。企業環境の変化やスピードは止まることを知らず、画期的な

技術や仕組みは束の間に消え、差別化や競争優位性を短命化させている。したがって従来の組織能力に加えて、プロフェッショナルとしての自己実現や意欲の強化に対して、経営者は現場の支援や権限委譲を進め、人材育成の課題に取り組むことである。本書ではそれを社員力の強化としている。

顕彰企業から学んだまとめ

「関西IT百撰」の顕彰企業から学んだ企業成長の要件はビジネス・イノベーションであり、それは業務プロセスの合理性と効率性を追求したビジネスプロセス・イノベーションとインターネット社会における商品・サービスの電子商取引として新しいビジネス・モデルのマーケティング・イノベーションである。ビジネス・イノベーションの実践には法則が三つあり、経営者のリーダーシップ、ITの戦略的活用そして人や組織の社員力強化、であることが明らかになった。

そしてIT活用企業として持てはやされたりしたものの持続的な企業成長に至らなかった事例にも数多く出くわした。大事なことは、企業活動を支えるのは人や組織であり、自ら考え、実践とその成果に対する評価や次の行動に結びつけるPDCAのサイクルが定着化することである。それは人を得てサイクルを回すことであり、さらに時代の背景や幾多の偶然が重なりあい、時の勢いが勝手に後押しをしてくれて業績に結びついている教訓を学んだ。

本書で取り上げた企業事例は、第2章で製造業における旋盤加工の下請け企業から自立し、熟練工のノウハウを表出化させてシステム化と自動化を進め、その余力を一品受注の金属加工に注力する改革へ挑戦した成功例、第3章ではホテル業界において顧客層のセグメント化を図り、ローコストオペレーションと顧客満足重視の両立を追求したバジェット型ホテル業の成功例、そして第4章では医療法人として高い次元の理念経営に基づいて患者目線の医療サービスを実践している成功例を取り上げている。

4　顕彰企業の印象的な二つのタイプ別成功事例

ビジネス・プロセスの改革・改善のタイプ

「関西IT百撰」のプロジェクトが2001年発足した直後の顕彰企業の一つが（株）「たねや」である。顕彰の最大の理由はまず経営者の強力なリーダーシップであり、ITと人の経験や知識の介入による最適な判断やコミュニケーションをうまく調和させ、製販の一元化を図っている点である。菓子業の創業は明治にさかのぼり、1972年株式会社たねやが設立され、和菓子を中心に直営店やデパートへの店舗進出を図り、多角化戦略としてクラブハリエの洋菓子部門を加えて現在では、全国的なブランドとして着実な成長を遂げている。たねやグループの小売売上高の推移は2001年121.5億円が2012年には201億円と一度も減収することなく成長を続けている。

その理由は、（株）たねやの3代目山本徳治の説く経営理念・方針が経営哲学そのものであり、商人道として「他人様に幸せを、そして自らには厳しい鞭」をとしている。それは彼の苦しい経験と近江商人の「天平道」などが融合した仏教哲学に近い経営理念となっている。彼は今では第一線を退いているが、一貫性を求める菓子素材の「たねや農場」、人材育成のための社員研修・技術研修の場で校長を務める「たねやアカデミー」、さらに地域社会との共生の場を作る「可美物倶楽部」を主宰している。

経営とIT活用に関する考え方として印象的な点が二つあり、一つは店舗の注文情報が生産部門への生産指示となる際、人間が介在することである。その意義は、店舗側が予測する注文数量に対して経営陣が売上や在庫の経験や知識を加味し、調整して生産数量を決め、ムリ・ムダ・ムラのない業績に結び付けていく狙いがある。もう一つは生産部門の生産設備とIT機器の活用に関しては、自らの経験を活かして独自の生産設備の仕様を設計し、制御をするためにIT機器との整合性を図り、生産ラインの自動化を積極的に進める考え方をもっている。

第二に紹介したいのが2001年度と2004年度二度にわたって顕彰企業に選考されたねじの商社、サンコーインダストリー株式会社である。成功のキーは、差別化戦略として取扱商品の点数増加とリーン消費に対応するロジスティックス・システムを中心とするビジネスプロセス・イノベーションの実践である。2004年の応募内容では、前回と比較した事業の拡大に関する記述がなされており、4年間の変化は、商品点数が15万アイテムから25万アイテムに、売上高は106億円から137億円に増大し、経常利益率は約40％伸びの成果を上げている。

　このビジネス拡大の背景には、顧客が要求する多品種の仕様とリーン消費に応えるために多品種少量の在庫確保と即日出荷の業務要件があった。ロジスティックス・システムは、従来の固定概念を超えた気の遠くなるような商品点数に適応する受注、購買プロセスであり、在庫商品については入庫、保管、ピッキング、梱包、そして配送プロセスが連鎖している。この要件に応える物流センターや新しい在庫管理システムへの投資が他社との差別化に繋がり競争優位性を構築していった。在庫確保の考え方は実在庫の最小の適性量と同業他社やメーカーとの補完的協業によるヴァーチャル在庫で対応する方法を取り、さらに在庫商品以外の注文が3回に達すれば在庫商品として登録している。また協働化の考え方として、仕入先には在庫量を開示し生産計画の精度向上に寄与し、内部では梱包材の標準化を進め、在庫管理、梱包作業、積載効率の向上を図っている。

　「関西IT百撰」の顕彰企業として表彰以来、色々なメディアで取り上げられ、企業訪問者が激増し、従業員のモチベーションとなって企業の活性化が進んでいる。直近のHPでは、デジタルカタログは今や、50万種類にもおよぶ在庫商品となり、その一つ一つの仕様について規格や図面などの商品情報が「ねじのバイブル」としてユーザーに非常に好評である。今後ますますロジスティックス・システムの改革を進め、取扱品数100万点を目指すとしている（2013年1月　日刊工業新聞参照）。

新しいビジネス・モデル創造のタイプ

　サービス機能が消費者と提供者をインターネットによる情報で結びつけられるビジネス・モデルである。ここで紹介する二つの企業事例の共通点は、インターネットとモバイルなどの特性を生かし、市場・消費者の目線から価値創造を提供する仕組みである。

　第一の例は 2004 年に顕彰された「夢の街創造委員会株式会社」を紹介する。主たる事業は、インターネットサイト『出前館』の運営事業が主であり、他に四つの連結対象会社を持ち、そのうち 2 社は中国・韓国での海外事業である。2000 年より開始した宅配・デリバリー専門サイトの「出前館」は、現在、全国 1 万 1600 店以上の出前＆宅配＆デリバリーサービスに、モバイルからすぐ注文ができる仕組みを構築している。カレーハウス CoCo 壱番館、宅配ピザ、宅配寿司、ピザーラ、ガスト、ケンタッキーフライドチキン、モスバーガーなどが加盟店舗である。メニューの選択方法は、消費者は配達してほしいエリアの配達可能な店舗の一覧が「待ち時間」とともに表示され、各店舗のメニューを見ながら選び、宅配される時刻も知らされる。翌日以降の配達も可能であり、ピザのトッピング等、オプション設定も容易に行うことができる。

　2004 年の応募内容では、このビジネス・モデルの狙いとして、第 1 に出前を希望する消費者が、当サイト上で加盟店の最新メニューを常時見ることが出来、第 2 に、ピザのトッピングをはじめ附帯情報の聞き間違いが無くなり簡単に入力できる、第 3 に、他の店舗情報と比較の上で注文を可能にし、第 4 に、「出前館」経由の注文はポイントがたまる、第 5 に、種類の異なる商品の注文入力がしやすい等のサービス機能による操作性や利便性を上げている。

　現在ではすべてのデータ・情報のやり取りがモバイルで行われ、他のサイトとの連携も強化されて店舗数やユーザー数が増加している。一方このようなビジネス・モデルによるシステムは、模倣や機能追加の容易性によって類似サイトとの競争が激化している。競争優位性の戦略は、ブランド力の強い加盟店の加入、配達網のサービス改善、消費者との協働化による宅配サービス品目の多様化対応、さらに同一インフラを活用

した抱き合わせ商品やサービスの拡大を図っていかなければならない。宅配サービスは女性の社会進出や個人や職場のライフスタイルの変化が進んでおり、またセキュリティ強化による従来のポスティングや折込みチラシなどの広告が難しくなっていることから、その増大が予測される。

第二の例は2013年度顕彰企業で、結婚式・披露宴・パーティの音楽企画を演出する（株）アッシュを紹介する。特徴は結婚という人生最大のイベントに最高の感動をプロデュースする仕組みにIT活用をしている点である。会社概要は、年間挙式取扱数として、4000組以上、披露宴1000件を超えており、過去3年間の売上高は安定しており、粗利益率も45％と高い水準を維持している。このイベントを支えるのが、正社員9名と登録者100名の牧師・聖歌隊・演奏者などであり、さらにお客様の特別なご要望に沿った音楽演奏者の登録者数は500名に昇る。

IT活用は、こだわりのお客様に選ばれたプレーヤーによる強い感動を届けるブライダルプロデュースとソリューションに活用されている。社長は元ホテルの婚礼ミュージシャンとしての経験からその雰囲気やお客様の要望に通じており、またIT活用の関心が強く10年前からIT投資を着実に継続してきた。主な課題はホテル毎に手順が異なることからイベントに当たってプレーヤーのミスを無くする支援のシステム作りに取り組んできた。代表的なアプリの開発は演奏者のブッキングと営業活動を支援するWedding Padである。ITの目的は、こだわりのお客様や社内の迅速な情報の伝達・共有と業務処理の効率化であり、コミュニケーションにインフラのモバイル化や既製ソフト資源の活用を図っている。さらにブライダル固有の多様なイベント要望についてマッチング機能の支援にSNS対応を進めている。このような取り組みからITという技術的な道具と人間の深層部を刺激する感動がブライダルという舞台でいかんなく発揮され、多くのお客様から高い評価を得ている。

5 「関西 IT 百撰」と
　　NPO 法人「IT 百撰アドバイザー・クラブ」

関西 IT 百撰とは

　「関西 IT 百撰」とは、関西の中堅・中小企業を、活性化させる目的から始まったプロジェクトである。それは IT 活用によって、元気で成功している応募企業から評価と選考過程を経て認定された企業であり、その中でも特に評価が高い企業を顕彰企業としている。顕彰企業は、企業環境に適応する経営戦略とその実践を支援する IT 活用によって優れた業績を上げ、他社の参考となり得る成功企業といえる。企業は時代の潮流を読み、市場や消費者の動向をふまえて経営戦略を立て、企業内の経営資源を有効活用するために、手を尽くし、汗を流す実行を行っている。IT 活用とは、業務プロセスの合理的・効率的な改革・改善や新しいビジネス・モデルの創造に対して戦略的活用を行うことである。

　このプロジェクトは企業の応募から顕彰企業までの選考と「関西 IT フォーラム」開催の運用が主なものである。それは NPO 法人「IT 百撰アドバイザー・クラブ」に集合したアドバイザーが中心となって、応募企業の報告書をもとに直接経営者と面談し、その総合評価を持ち寄ってアドバイザー全員による選者会議において顕彰企業を選考する。

　選ばれた顕彰企業は、関西サイエンス・フォーラムの秋山理事長（元関経連会長）から表彰を受け、それと引き換えに「関西 IT フォーラム」の舞台での発表機会が与えられる。経営者自らが経営課題をはじめ、経営改革・改善の動機と IT 活用によるソリューションや新しいビジネス創造について熱く語る。年間スケジュールは、応募開始が 7 月頃、ヒアリング訪問を経て顕彰企業の決定が年末、「関西 IT 百撰フォーラム」の表彰と発表の場が 3 月という日程である。この一連の活動を運営しているのがボランティア集団、NPO 法人「IT 百撰アドバイザー・クラブ」の IT 百撰アドバイザー達である。

　顕彰企業は、応募資料の提出に加えてフォーラムのプレゼンテーション資料作成やリハーサルなどかなりの負荷を強いられるが、その反面経

営者は思いがけない嬉しい効果があるという。それは新聞、雑誌、テレビなどのパブリシティによる宣伝・広告効果であり、知名度、信頼等の企業ブランドの向上に波及効果があるという。また外部からの企業訪問が増えることから何より社員の意識が変わり、接客姿勢や挨拶対応が明るくなるなどの効果もある。さらに経営者は異業種との交流機会が増え、新しい知識や情報を入手するなど双方ともモチベーションの向上につながる間接的な効果をもたらしているという。

NPO法人「IT百撰アドバイザー・クラブ」と理事長山岡のリーダーシップ

　2001年6月在阪経済5団体は、関経連が中心となって協賛事業として「関西IT戦略会議」を発足させた。それは政府の「IT戦略会議」の動きに呼応し、関西経済復興のIT化ポリシーボードとして、議長（関西CIO）に関経連の秋山会長が就任し、主要企業100社以上の賛助を得て、2003年3月末まで普及と支援活動を行った。

　関西IT戦略会議は、中堅・中小企業における企業活性化のためにIT活用と普及活動であり、"ITは儲かる"を実践している成功企業を「関西IT百撰」として認定し他の企業へ横展開を促すものである。またIT化の取り組みについて「ITちょっとアドバイス」の助言プログラムが準備されて、アドバイザーによって支援活動を行った。

　折しも諸般の事情から「関西IT戦略会議」は、2003年3月末をもって運用形態をいったん終了して新たな「関西IT推進本部」に継承されたが、運用は実質的な独立化を余儀なくされた。そこでアドバイザー集団は独立法人として、NPO法人「IT百撰アドバイザー・クラブ」を設立する。その後、近畿経産局、大阪府の産業局の支援を受けながら一貫して関西地区の中堅・中小企業のIT活用による活性化のお手本探しと伝道師としての支援活動を行ってきた。

　2009年7月、技術分野のイノベーションの視点から関西経済の技術力強化を目指していた「関西サイエンス・フォーラム」と遭遇し、協働化の道を歩むこととなった。「関西サイエンス・フォーラム」は関西経

済界が、先端科学技術分野で国や関西地区の技術優位性と産業競争力を付けることを目的として設立されており、最先端技術の研究促進、グローバル社会への貢献や人材育成のための活動を行っている。両者は中堅・中小企業のイノベーションを共通的課題として「関西IT百撰フォーラム委員会」を設置して活動を始め、現在継続中である。

　2001年の活動開始から今日まで終始変わらぬリーダーシップを発揮しているのが理事長山岡である。彼はIT業界において長きに亘ってシステムエンジニア、コンサルタント、経営管理者として活躍してきたビジネスマンである。彼の特徴は、企業特有の経営環境や経営課題を素早く見抜き、ビジネス・ソリューションを策定する構想能力は他に類を見ない秀でた能力をもっている。さらに過去の取引先や同僚仲間との関係において広い人脈と信頼の絆をもっており、当プロジェクトへの支援を受け牽引している。また事業活動では、「関西IT百撰フォーラム」の運営に加え、顕彰企業の経営者と「関西IT百撰の会」を結成し、異業種交流の場や大阪大学への冠講座を提供するなど「経営とIT」の研鑽の場を設けている。またボランティア集団のアドバイザーとは、経営者とのヒアリングの機会を通して経営とIT活用について実践と理論を学び、成功の感動を共有することによって結束を図っている。

参考文献等

林［2001］「関西経済復興のシナリオ」(http://hayashiland.com/syoko.PDF)。
チャールズ・ダーウィンの名言 (http://earth-words.org/archives/7954)。
IT百撰アドバイザークラブ (http://www.it100sen.com/)。
関西サイエンス・フォーラム (http://kansaidoyukai.or.jp/ksc/tabid/90/language/ja-JP/Default.aspx)。
たねやグループ (http://taneya.jp/)。
サンコーインダストリー (https://www.sunco.co.jp/hill/company.html)。
夢の街創造委員会 (http://www.yumenomachi.co.jp/)。
出前館 (http://demae-can.com)。
株式会社アッシュ (http://www.ahsh.co.jp/)。

第 2 章

「汎用生産はシステム化、新しい価値創造は経験と知識」で進化を続ける HILLTOP 株式会社

> **キーワード**
> イノベーション、家族愛、楽しくなければ仕事じゃない、対等のリーダーシップ

1　何がイノベーションに向かわせたか

経営者山本昌作の原点は家族愛

　京都府宇治市にある HILLTOP（株）（2014 年 4 月山本精工から社名変更）の本社工場は、社員数六十人余りの金属加工メーカーで一般的とはかけ離れたイメージである。企業カラーのピンクに彩られた社屋のモダンさもさることながら、おしゃれなオフィスに集まり、作業服ではなくカジュアルな私服に身を包んで、工作機械ではなくパソコンと向き合う社員たちの姿は、むしろシリコンバレーの IT ベンチャーを連想させる。

　創業は 1961 年に両親が鉄工所を始めた。その背景には現在、社長を務める兄・正範が 2 歳の頃、病気の治療に使った薬の副作用で聴力を失い、そのことに責任を感じていた両親は、「耳が聞こえないこの子が、大人になっても働き口に困らないように」との理由でこの家業を始めたのである。

　創業当時から、大手自動車メーカーの下請けや孫請けとして部品製造に携わり、両親は朝から晩まで懸命に働き、機械の油にまみれながら、兄と山本そして弟の 3 人兄弟を育てた。しかし利益の確保は難しくきつい仕事の日々に耐えることであった。山本は家業に携わる気はなく、苦

しい仕事に耐えてきた両親に感謝の気持ちは強かったものの、鉄工所の仕事を敬遠していた。大学の卒業時、商社へ就職が内定していたが、それまで鉄工所を技術面で支えていた叔父が独立して退社してしまった。手薄になった職場を「どうか兄弟3人で支えてほしい」と母から泣いて頼まれた。さすがにその涙に逆らうことができず、母親を安心させたい一心から不本意ながら家業を手伝うことを決めた。

　山本は現在、実質的な経営のすべてについて責任を負っているが、登記簿上は代表取締役社長として兄の正範を据えている。1961年の創業時、父親の最初のメッセージ、「企業は人間が成長できるフィールド」に従って家族的な社風を大切にし、現在も山本が自らに課す原点は、「理解と寛容をもって人を育てる。社員も家族」という広い家族愛である。

山本の一大決心

　大企業の下請けを手掛ける中小の製造業者は、一般的に単一の製品や部品を大量生産する事業形態である。彼はそのような製造業のあり方に疑問を感じ始める。それは製造ラインの機械の前に立って、何も考えずに決まった作業をする仕事のやり方に、いつまでもこのままでいいのかという危機感に襲われたのである。毎日、同じ技能で同じ部品を作る単調な仕事とメーカー側のコストダウンの度重なる要求に対し、「未来への希望ともっと人間らしい仕事がしたい」思いに駆られ、父親と熱い議論の末、一切の下請け業務を止める大きなイノベーションの挑戦への決断をする。

　メーカーに下請けの断りを申し出た2カ月後、工場内の機械はすべて引き揚げられ、売り上げの8割を失う。彼はその責任を果たすため、3年間給料を返上して休みなしで営業活動に駆けまわる。工場には引き揚げられた機械の代わりに、汎用のフライス盤や小型の溶接機、NC旋盤などを導入してそれまで経験のない製品まで受注せざるを得なかった。勝手がわからない製品加工は余分なコストと時間を要し赤字であるが、知恵と技能を尽くして、お仕着せでない仕事に向き合う喜びと興奮に踊る。これが製造現場の合理性の改革に挑んだ生産システム「HILLTOP SYSTEM」の開発動機である。

2　経営者のリーダーシップ

HILLTOP SYSTEMへの執念

　HILLTOP SYSTEMは山本精工がアルミ素材の金属加工に関する独自の生産制御システムと生産管理システムの両面から取り組み、多品種単品と夜間無人加工を可能にした生産システムである。精度の高い三次元加工を自動制御するプログラムは、仕様に応じてパラメータを変更するだけで多種多様な加工に対応ができ、また過去の加工履歴が蓄積データとして、納期の短縮やリピート生産に威力を発揮している。社員が昼間のうちに加工プログラムを作成し、退社後の夜間に機械を無人で動かして加工生産をする。そうした世界的にもまれな生産システムが誕生した背景には、「楽しくなければ仕事じゃない」の一念で開発に挑んだ開発魂の執念がある。
　この開発の要件は加工生産の仕事を単純作業と知識労働に区別する必要があり、前者は機械の方が人間よりはるかに得意であるからその工程は機械に任せる発想である。技術者は加工仕様に応じて機械の加工手順書を作成するので、そのシミュレーションや疑似体験に自分自身の技術や技能の経験が反映される。アルミ素材の金属加工では現在、その難易度を問わず幅広い仕様の顧客注文に応えることが可能になり、注文の8割が、1〜2個の単品加工で占められ、付加価値の高い金属加工メーカーとして高い評価を得ている。

HILLTOP SYSTEMへのアプローチは社員と共に

　山本が名づけたHILLTOPとは「丘の上」を意味する。それは社員が誇れる夢の工場として、油にまみれるのではなく白衣を着て働く場所であり、ルーティンワークからクリエイティブな空間を共有することである。人は目標や夢をもち続けることによって道が開け、「丘の上」を目指して進化し続けることだ、という信念によるものである。
　この実現には二つのハードルがあり、一つは現場の作業工程において

単純作業（ルーティンワーク）に偏った作業内容のシステム化と、もう一つは現場の職人、熟練工の仕事の非効率性の壁であった。加工生産は簡単な計算をすれば精度が上がるにもかかわらず、かたくなに自分の感覚に頼り、「仕事はつらく苦しいもの」と受けとめる彼らの作業の価値観や習慣があった。日本の製造業の現場には、素晴らしい技術・技能を持った匠が数多くいたにもかかわらず、人に粘着した固有技術が表出化されず、また生産技術が社内で共有されず、進歩や進化が阻害されてきた面があった。

彼は、そんな思いから従業員たちが手掛ける作業のプロセスをデータとして記録し、技能・技術について定量化と文書化を行った。折しもパソコンが普及し始め、これを工作機械の自動制御に使えないだろうかと考えたのである。ソフトウェア会社に発注して出来上がったシステムは、当時普及していた紙テープ媒体による自動加工機とは異なり、変更や上書きが可能なフロッピーディスク媒体の特徴によって試行錯誤による創発が可能になったのである。

守旧派層の抵抗と率先垂範型のリーダー

仕事のやり方の画期的な変革には、守旧派の抵抗がつきものである。特に父を含めたベテラン社員たちからは戸惑いや反発が大きかった。初期のシステムは間違ったプログラムを入れても停止できず、機械に取り付けた工具を折ったり、機械本体にダメージを与えたりして、そのたびに社内に非難の嵐が巻き起こる。山本は失敗の損害以上に、システムの導入効果に手応えを感じていたので、あえて自分の意志を貫き通した。やがて度重なる試行錯誤を経て「HILLTOP SYSTEM」は人間から仕事を取り上げるのではなく、その活用によって仕事の質を変えるシステムであることが次第に理解されていった。

現在ではこのシステムの特徴が個性的なデザインや差別化を可能にする多品種少量生産のものづくりに貢献している。現場の加工作業はルーティンワークから解放され、社員たちが知識労働に集中できる環境をつくったことで、日々の仕事にやる気と充実感が生まれ、職場の明るさは

どこにも負けない企業になった。「HILLTOP SYSTEM」の特徴と機能は進化を続け、加工前にコンピュータ上のシミュレーションによって製品の出来上がりの確認をすることができるようになっている。

まさに彼のリーダーシップは率先垂範型の典型的な例であり、現場の三現主義に基づいて自らが先頭に立って考え、部下と創発的な技術の改良について苦労をともにし、勇気と励ましをし合いながら、仕事の達成に対する感動を分かち合ってやってきたことである。

3 ITの戦略的活用と差別化

ITの戦略的活用

ITの戦略的活用は、不可能と考えられていた旋盤加工の自動化技術とコンピュータ上のシミュレーションによって、社員をもっと創造的な知的労働に向けるべきであるという信念を実証した。現在女性を含めて新人社員は現場で実際に旋盤を回し経験を積むことから始め、現場の技能や知識を吸収する。山本は、経営者と社員の関係について次のように述べている。「経営者は社員を監視・監督するために存在するのではなく、従業員のやる気を削ぐ障害を無くすために存在する」の考えに従って社員が自律的に考え、一元的な社員教育ではなく自ら気づき、考え、学んでいく日常の業務を通して育てている。指導や指示をそのまま受け入れるのではなく、Why、So What、Howを自ら問いかけ、考えを巡らし、他に方法はないのか、この方法が最良なのかと内省化を促していく。「雑用が多くないですか？」「知的生産をしていますか？」と社員に「自己否定」と「気づき」を与えるようにしている。彼は社員を同等のパートナーとして、「女性にモテる鉄工所にしよう、きれいなオフィスで興奮と感動を覚えるような仕事をしよう」と語りかけている。

基幹業務の中枢的な機能について、図表2-1 HILLTOPシステムの全体図がその概要を示している。HILLTOPシステムの中核となる生産システムはシミュレーションによる事前のチェックを含め、段取り、前

加工、後加工、無人加工などのプロセスを自動化している。「職人は作らない」という方針に基づき、作業内容はすべてデータベース化されており、一度行った作業プロセスは共通知識として体系的に保存されている。生産システムの前工程として位置づけた受注・資材発注のシステムは、見積支援や受注処理といった受注業務、および資材・外注発注や社内発注の業務をサポートしており、その情報は設備や工作機械の確保及び加工スケジューリングに繋いでいる。また生産システムの後工程としての会計・計画・評価に関するシステムがあり、財務会計、進捗管理、減価償却、稼働率管理、および治工具管理を行っている。全社員が顧客からの受注状況に関心を持ち、システム的には基幹となる生産システムを中核に据え、生産工程の状況だけでなく前工程の受注・資材発注や、後工程の進捗や評価管理まで情報共有が図られている。

図表 2-1　HILLTOP システムの全体図

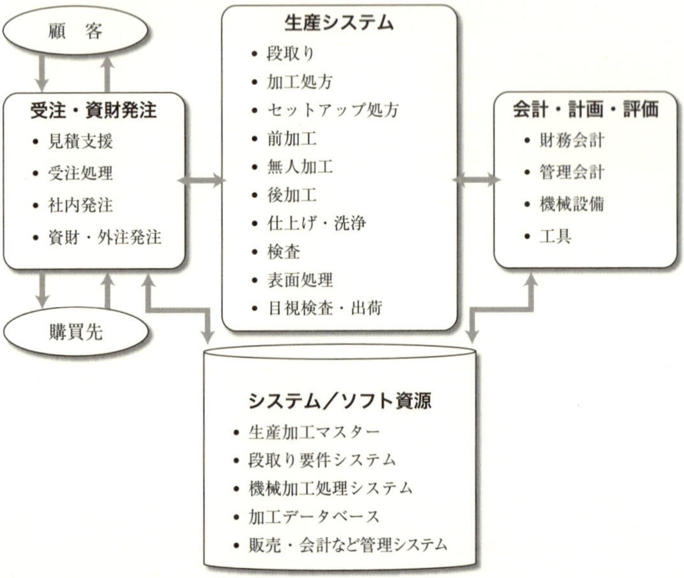

顧客

受注・資財発注
- 見積支援
- 受注処理
- 社内発注
- 資財・外注発注

購買先

生産システム
- 段取り
- 加工処方
- セットアップ処方
- 前加工
- 無人加工
- 後加工
- 仕上げ・洗浄
- 検査
- 表面処理
- 目視検査・出荷

会計・計画・評価
- 財務会計
- 管理会計
- 機械設備
- 工具

システム／ソフト資源
- 生産加工マスター
- 段取り要件システム
- 機械加工処理システム
- 加工データベース
- 販売・会計など管理システム

出所）関西IT百撰フォーラム資料

HILLTOPシステムは定期的に更新され、進化する

　HILLTOPシステムは顧客からの注文仕様に基づいて生産過程に入り、その業務プロセスの改善を行い、機械の選択や短納期化を考慮することによって変更や進化をさせている。一連の生産加工プロセスを実行する情報処理プログラムは、外注に頼らず自らの業務設計と機械設備への自動化の翻訳処理を行い、その変更や保守についても同様な方法を取っている。

　顧客からの受注状況や納期、品質、コストなどの要望と仕様やデザインなどはその注文単位で、実際に使用した治具、工具と作業処理手順や処理プログラムを記録・保存している。そしてこれらのデータは、一定期間蓄積された段階で、評価と分析を加えて標準化を行い、システムに組み込み更新をしている。

　リピート型の生産加工について従来は受注仕様に基づいてプログラマーと工作機械のオペレーターが一対となって対応し、後工程の検査や表面処理加工まで一連の工程を担っていた。現在は、コントローラーと名付けた職種の担当者が、リピート型と新規仕様型を分別し、リピート型であれば従来の作業書と機械加工手順書を現場オペレーターに回付する。新規仕様型であれば、品質加工度やデザイン性などの難易度とプログラミング経験や負荷を考慮してプログラマーを割り当てる。この時従来の経験を優先するのではなく、新しい技能や知識を得る機会を与えるように考慮している。現場のオペレーターはプログラム化された作業書と機械加工手順書に基づいて作業に着手する。現場のオペレーターに関しても、新しい挑戦と経験の機会が持てるように、負荷配分と担当の割り振りを考えている。

　ITの戦略的活用が合理性や効率性の手段として導入されるだけでなく、日常の業務処理を通じて、さらに現場で働く人に新しい経験、モチベーションの高揚、知識欲や自己実現の達成、などの支援ツールとして活用している。これが山本の言う「楽しくなければ仕事じゃない」の原点といえるだろう。

4　ものづくりの現場を支える社員力

社員力と情報共有化の重要性

　社員力とは人の属性である、思考力、解決能力の源泉的な知力、体力・持久力、徳力・倫理観、意欲、スキルであり、また組織の仕組みや協調、共有の度合いによって増減する能力である。企業では一般的な表現としてそれぞれの業務活動におけるスキル、技能など人固有の能力を表すことが多く、本書では総称的な能力表現として社員力と呼んでいる。

　ものづくり産業では、生産体制の見直し、技術開発の推進、人材の技能強化など経営資源を磨きなおすことが競争力を発揮するために重要である。また製品・サービスの品質安全に対する社会的な意識の高まりに伴って、企業の取り組み強化が見られる。さらに競争が激化する環境において、消費者・顧客の顕在化している要望に応えるだけでなく、いかに潜在的なニーズを掘り起こしていくことが課題である。

　経産省のものづくり白書［2009］ではものづくり力の見直しとして、①ものづくり力の再強化、②現場における社員間の直接的なコミュニケーションの役割、③企業を超えた技能継承の進展の三つの指摘をしている。ものづくりの生産性に関するアンケート結果では、約90％の企業が5～10年前と比べ向上しており、社員の技能やノウハウ等についても80％超の企業が向上している。また社員間のコミュニケーションの密度は、20％近くの企業が希薄化していると答え、特に社員の技術・ノウハウ等が低下している企業においては、50％超の企業においてコミュニケーションの密度が落ちており、コミュニケーションの希薄化は生産性について影響を及ぼしていると考えられる。同じアンケートの生産現場における情報共有化の課題では、社員の技術が低下している企業ほど「社員間の関係が希薄化しており、自発的な情報の共有が行われない」ことを問題視している。また「社員個人の技術・技能やノウハウ等を伝達する人材の不足」についても社員の技術が低下している企業ほど課題認識を持っている。

このことは現場における生産性を高めるためには、社員一人ひとりが技術・技能やノウハウ等を個々に高めていくだけでなく、その力を組織的に共有し、組織に潜在している知識と結合させ、新たな知識や情報の創造を図るなどの仕組みや環境が必要であるといえるだろう。

現場の社員同士によるコミュニケーション

企業の業界や環境と組織風土やリーダーの姿勢によって違いはあるものの、IT 活用による情報共有化が、現場の生産効率性に寄与している。2009 年の経産省［2009］の調査では大企業、中小企業を問わず、情報共有における現場での IT 活用とその情報活用は 5～10 年前に比べて 4～6 倍程度の伸びが見られると報告されている。

一方、情報共有は生産性を高める半面、活用の仕方によっては社員間のコミュニケーションの機会を減らし、両者の関係を希薄化させる可能性を持っている。同じ調査資料から指摘されていることは、特に「現場で発生する異常や問題等に関する情報は、IT インフラによる共有化の仕組みや情報活用が進んだ現在においても、直接的なコミュニケーションを通じたアナログ的な情報の必要性を指摘する企業が多い。業務プロセスの連携を持つ個人と個人、組織間や企業間の課題解決には、利害調整が生じ、情報サービスによる共有化だけでなく、理解をしあう意識や姿勢と双方の現場・現物・現状のコミュニケーションによる確認が重要である。

ものづくりにおけるデジタル属性の情報共有化と直接的なコミュニケーションによるアナログ属性の両特性が重要であり、「HILLTOP SYSTEM」の運用は、現実的な適用概念として有意性の高いシステムであるといえる。

社員力と社員の意欲

社員力は組織や個人に宿るスキルやノウハウだけでなく、思考力や仕事に対する意欲や協調性なども属性として入れてよい。その人材育成は、経営者が管理型ではなく社員と目線を同じくして同じ価値観を持つ

率先型リーダーとして業務活動を通じて培われている。経営者は日常的なコミュニケーションを通して、挑戦的な目標や一緒に考える動機を与え、スキルに対する意欲をあおると同時に、並行して仕事を任せる信頼関係によって人の育成を図っていくことである。このような社員力は、企業環境の変化に適応して業務改善や改革に自律的に取り組み、業務プロセスやシステムの陳腐化に対して定期的な評価と更新を行い、さらにIT動向の新しいシーズと経営課題のニーズにIT活用を考える機会を与えることである。

　また同じ報告によれば生産現場における社員の意欲や能力は、5～10年前に比べおおむね向上しており、一方自ら問題を発見する能力や不測の事態の対応能力などは低下していると指摘する。また自社の製品や技術に関する情報や知識と取引先・販売先の関心は、自社の経営戦略への関心事とともに高まっているとしている。この背景には自社製品の商品サイクルの短期化や売り上げの伸び悩みなど企業環境の厳しさがあり、さらに市場・消費者や取引先とのクレームや協働商品開発の状況から企業の動きや仕組みに対する関心が強くなっていると考えられる。

　社員力は上司や経営者からの指示だけでなく、社員一人ひとりの自発的で意欲的な思考力や現場改善の経験知が重要な役割を果たしている。また社員力の醸成は、いかに社員の自発性を引き出して自律ある活動を行わせるかという環境づくりであり、それは個人と企業・組織がお互いに働きかける仕組みづくりである。社員力の強化は長期的な視点で現場の生産性を挙げることであり、経営者は現場との風通しの良い組織作りとコミュニケーションによって現場の組織能力を強化しなければならない。それは活性化された社員力の集合体として企業能力を形成し、合理的で機能的な組織と感覚的な部分を併せもつ組織風土を作っていかなければならない。

5　現在から未来への HILLTOP システム

現在を見つめて（HP 参照：http://hilltop21.co.jp/jp/index.html）
　社員が誇れるような夢の工場とは、油にまみれるのではなく白衣を着て働く場所を追い続け、単純なルーティンワークからクリエイティブな活動の組織空間を意味する。人は自己実現の目標や夢をもち続けることによって道が開け、「丘の上」を目指して進化し続ける社員の集合体を作るのが組織空間である。事業内容は機械加工事業が中核となって多角化を続け、事業拡大と上海、米国への海外進出もはたしている。四つの事業分野は

(1) 機械加工事業：精密機器部品、精密機械部品、試作加工、医療機器部品、科学計測器、航空機部品、特殊車両、真空機器、治具設計・製作
(2) 表面処理事業：アルマイト処理（白、黒、硬質、硬質黒、テクノマイト）、メッキ処理（無電解ニッケル、テクノフォス）、TOP フロン　二次電解
(3) 開発事業：試作開発、製品開発、弱電・強電設計、電気制御、装置・治具の設計・デザイン・組立、機構開発、ソフトウェア開発
(4) プロモーション事業：販売企画、Web サイト制作、広報企画やオリジナル広報ツールの制作、イメージマーケティング

　事業の特徴と強みは、第一に、複雑な加工から単純加工までアルミ加工分野のプロフェッショナルである。3 次元モデルの作成から 3D データの受け入れなど、複雑な形状の加工に関する設備環境が整っている。難加工、微細加工、精密加工に加えて創造性の高い試作品、単品・小ロット生産に対応し、コスト削減や工程の納期短縮を実現している。第二に、短納期で高品質な製品加工の要望には、新規注文では 5 日、リピート製品で 3 日の納期で届けることができる。その背後には

「HILLTOP SYSTEM」の切削加工生産管理システムによって多品種・単品・夜間無人加工の経験と実績があり、常に最適・最短の工程を求めて進化しているからである。第三に、「HILLTOP SYSTEM」は安定的な加工工程に受注から納品までの進捗管理と加工データベースの活用によって変更要求に即時対応し、いわばお客様の「部品在庫センター」としての機能を果たしている。第四に、表面処理ラインが完備しており、最終工程の表面処理は製品を保護し、表面を美しく保つだけでなく、素材の高い機能性を持たせるために膜厚の制御など製品価値を維持している。この製品加工から表面処理加工の連続加工は、物流工程や余計な管理作業の削減に貢献している。

未来への準備力

「楽しくなければ仕事じゃない」の合言葉を追求する「サポーティング・インダストリー」のコンセプトを標榜している。現在の社員力はアルミ素材を中心とする高い技術力や生産能力と社員の自由な感性を生かした「ものづくり」の極みに挑戦することであり、それは人・組織の組織能力の醸成と「HILLTOP SYSTEM」に集積されたITと情報化、そして家族愛を根底とするコミュニケーションに支えられた組織風土である。経験とノウハウの蓄積は顧客の多様な技術の要求に応えて、顧客固有の機械装置の開発と自動化のソフトウェアサービス、さらに生産管理分野の業務設計とシステム設計の領域まで拡大している。

サポーティング・インダストリーの具体例の第一は、顧客固有の機械装置や製品の開発支援である。機械装置や関連する治具の製品開発などトータルな支援をし、お客様の「こんなものがあれば……」という要望に対して最適なソリューションを提案している。第二は機器・装置・治具の改良と生産ラインの改善に関する支援を行っている。生産現場では、「もっと楽に、もっと効率化を」に対する課題があり、その要望に応えて機器や治具の開発と生産管理システムの改善・改革を支援している。特に品質管理と情報共有の視点から最新鋭機器と通信システムの導入に伴うトラブル防止をはじめ、品質向上と業務上のコミュニケーショ

ンや連携機能の要件について支援をしている。第三に、顧客が抱える生産分野のイノベーションの課題についてタスクフォースで応えるサービスである。それは多種多様なスキル補完の要望に対応するタスクフォース（協働編成プロジェクトチーム）であり、これまで培ってきた経験知や蓄積されたノウハウとものづくり企業間ネットワークを活用して複雑なニーズに対応できる体制をとっている。

　「ものづくりは日本の強みであり、その原点は人づくりだ」と言われるが、多くの中小企業は、目前の受注、納期、人材確保、資金繰りで手いっぱいで長期的な人づくりに手が回らない。しかし山本の「HILLTOP SYSTEM」は、ものづくりの社員力が将来の製造業の中堅・中小企業の能力として人や組織に粘着し続けていくだろう。また社員力は束の間に競争優位性を失う画期的な技術革新やコスト競争に対し、創造・修正などの適応力やその準備力（Readiness）として特異な競争的資源の役割を果たすだろう。それは企業のPDCAサイクルとして企業環境の変化に臨機応変に適応していく経営戦略や実行計画を策定し、果敢な実行と評価分析を受け止め、修正や追加の実施策をサイクリックに回していくダイナミック・ケイパビリティという経営資源ともいえる。

参考文献等

関西IT百撰フォーラム資料［2006］「山本精工」IT百撰アドバイザー・クラブ。HILLTOP株式会社（http://hilltop21.co.jp/jp/index.html）。

「人」と「機械」の棲み分けで多品種単品の無人加工システムを築く（山本精工株式会社・副社長　山本昌作氏）（参照：http://www.njh.co.jp/small_company/sc3/）。

経済産業省［2009］「我が国のものづくり産業が直面する課題と展望」『2009年版ものづくり白書』（参照：http://www.meti.go.jp/report/downloadfiles/g90519a05j.pdf）。

第3章

「ローコストと顧客満足」の両立とお客様と感動を分かち合う「スーパーホテル」へ

> キーワード
> 顧客満足度、ローコストオペレーション、感動共有

1 なぜ「顧客満足度」日本一なのか

創業者の「顧客満足」へのこだわり

　創業者山本はホテルサービス業にとって「顧客満足度とは何か」について考え続けてきた。古くて新しいテーマである顧客満足が、経営やサービスマーケティングの中心課題として議論される、意味、背景、効果について考え、今までのビジネスマンとしての経験知と融合させていった。そして彼はホテルに宿泊するお客様の満足度の追求とその取組方法について明示し、社員と課題や価値を共有して、実践に踏み切ったのである。

　一般的に顧客満足とは、顧客が持っている事前期待に対して、顕在的、あるいは潜在的なニーズや要求事項が、提供された製品・サービスの効用によって満たされる充足の程度とされている。その理論的な背景として、製品・サービスは「本質機能」と「表層機能」があり、この双方が期待に一致したときに顧客は満足するという理論があり、前者は顧客にとって不可欠な機能として一定の品質レベルをクリアしていることであり、後者は本質的機能を補完し、付加価値を心情的評価として加えるものである。その具体的な内容は業種・業界や有形の商品、あるいは

無形のサービスによって異なり、さらにその組み合わせや濃淡が顧客固有の心情的評価となっている。

　ホテルサービス業において二つの機能の明確な区分は難しいが、満足要因はリーズナブルな料金で宿泊場所や希望のスケジュールが確保可能なことと安全、安心、ぐっすり眠れる条件があり、またチェックイン時やお客様固有の要望に対する接客対応の比重も大きい。さらにお客様の個体差があるが、健康への関心やケア、付帯設備、女性に優しい空間作りなどである。共通的なことはお客様目線のサービス機能であり、フロント業務は接客対応としてお客様とのコミュニケーションやホスピタリティによって期待以上の価値を提供することである。そこで方向性として「低価格とお客様満足を両立」を目指すこととした。

経営者の思いとリーダーシップ

　経営者の思いとリーダーシップは、ホテルのサービス機能として、「安全、清潔、ぐっすり眠れる」を基本コンセプトにしてお客様に快適に寛いでいただくために、室内の照明や静かさへの工夫を凝らし、フロントで枕やマットの選沢を可能にした。そしてホテル運営は、ITの活用によるローコスト化と感動サービスの両面から実現を目指している。

　ホテルの特長は、伸長が著しいビジネスホテルのうち、特に「快適な宿泊」というニーズに応えるバジェット型（宿泊特化型）に特化している。今までにない低価格の実現とお客様との感動をシェアする視点からホテルサービスの改善・改革によって進化を進めている。これらの実現の背景にはIT活用が欠かすことのできないツールであり、さらにそのサービスの進化には、経営者と従業員が一体となって業務改善・改革を継続することと人間の感性的なサービス・マインドや人材育成を重視している。

　山本[2013]が目指すお客様の高い次元の満足度とは、ホスピタリティを持つ自律型感動人間のスタッフがお客様の喜びを自分の喜びとすることだと言う。そのためにはマニュアルによる無機質な作業手順に従うのではなく、お客様目線から期待される満足以上を目指す感動人間の育成が必要であると言う。さらにお客様と接する距離を縮め、ホテルで働く

ことの感謝と喜びを見つける人を育てることだという。それは明確な自己実現とプロフェッショナルの意識であり、基本的には現場の経験知と状況対応力によって培われるものである。

2　IT 活用によるローコストオペレーション

ローコストオペレーション

　ローコストオペレーションは業務プロセスに新しい手法や技術の導入によってコスト削減を実現し、またその改革・改善を続けていくことである。ローコストの実現は業務の取り組みにとって多くの課題があり、第1に店舗開発企画から開業までの期間短縮化、第2に建設プロジェクトにおける45％委員会の活動、第3にIT戦略室が中心になりIT活用による合理性と効率性を追求する業務プロセスのシステム化、第4にホテルシステムと連動した自動チェックインの機器や暗証番号キーの導入などであった。またホテルシステムの運用には、データセンター化や独自開発したグループウェアのインフラ構築があり、色々な業務要件とシステム要件を交差させて擦り合わせを行い、情報システムの構築がなされた。ローコスト化の成功要因は、店舗用地の確保やホテル建設時のスピードとコストに関する交渉力であり、ホテルサービスでは、お客様が満足するサービスレベルの維持と内部業務の運用コストの両立であり、その最適化にITの導入と活用を積極的にすすめたことである。

　IT活用は、合理的・効率的な業務プロセスの業務設計をし、その要件を満たす情報システムを構築する。また情報システムからサービスされる情報の活用は、利用部門と情報システム部門側の両者が管理指標と情報の精度やタイミングについて定期的に評価を行い、業務プロセスの品質向上に結び付け、継続的な改善や進化に反映させていることである。そのようなサイクルを通して課題を見つけ、修正や追加の実行をした結果、人件費は他社に比べて約30％少ないコストで運用を行うことが可能になっている。

改善活動は社員と共に

社員に対する意識改革の働きかけは、経営者の意図をコミュニケーションの機会を捉えて浸透させ、価値観の共有化を図っている。一般的に企業の運用は、成長や組織の肥大化に伴って、上位層からの発信や指示によって動くようになり、やがて現場層は指示待ち型の組織風土を作っていく。しかし当社は経営者が積極的に現場層と直接的なコミュニケーションの機会をもち、その対話を通してお客様の目線で考え、お客様の満足度を上げる価値観の共有化を徹底している。そのガイドラインとして文書化された「経営指針書」や「Faith」カードは、正規社員だけでなく、アルバイトやパートナーを含む就業者全員に配布され、日々の朝礼で訴え、顧客目線の対応とローコストオペレーションに関して考える習慣「なぜ、どんな、どうしよう」を取り入れ、意識改革の定着化を図ってきた。

店舗運営力を高めるために店舗と本部が価値観や経営課題を共有している。本部は店舗側のさまざまな取り組みや課題解決にあたって支援を行い、お客様との接点の場として店舗の運営は、支配人任せにすることなく、本部側は店舗固有のゴールド作戦、5S運動をはじめ、店舗指導や集合研修などによって現場の改善活動を支援している。例えば、本部スタッフは支配人に対してライセンス評価制度による評価や指導、その結果に基づいて次年度の改善計画を共同で策定し、さらに指導状況や進捗状況が月次会議の席で報告と議論がなされている。本部と店舗側はお客様目線による店舗運営の質を高めるために、価値観と情報の共有化のもとに見える化を進め、計画・実行・評価のPDCAを回す仕組みを確立している。

3 お客様とスタッフが感動を分かち合う自律型感動人間と自己実現の人材づくり

経営品質と自律型感動の人作り

山本は「日本経営品質賞」の2009年度受賞によって社員が変わった

という。そのアセスメント基準書では、第一は、組織が改善活動を行うとき、業界を超えて世界で最も優れた方法あるいはプロセスを実行している組織からその実践方法を学ぶ。第二は、自社に適した形で導入して大きな改善に結びつけるために一連の活動を定義する。第三は、その活動体系が経営幹部のリーダーシップによって行われ、外部要因の顧客・市場の理解や対応のあり方について、内部要因の戦略策定、個人や組織能力、顧客価値創造やITの活用を計画し、活動結果は業績効果に連鎖する流れになっていることである。すなわちそれは業務プロセスと目に見えない資産を融合してその相互作用や共進性を進める経営改善手法である。

　彼の主張は、ホテルサービス業ではマニュアルを超えた自発的なサービスが重要であり、それは瞬時に状況対応として行動に移す「自律型感動人間」の育成であると結論付けた。お客様が何を求めているか感じ取り、どうすれば喜んでいただけるかを考える「心のセンサー」と「さりげなく実行できるスキル」を持ち合わせた「自律型感動人間」を長い目で育成し、その組織風土の醸成を考えている。そこからホテル経営としての低価格と快適を基本とするお客様満足の追求をさらに進めていくべきであるとの信念がある。

　組織的なプログラムが自律型感動人間の育成に向けて用意され、個々人の意思による自発的な活動を進めている。部門ごとの計画では、その構成員一人ひとりに展開していくツールとして、個人別の計画的チャレンジシートと日々の業務目標の達成度や進捗状況を自己管理するためのランクアップ・ノートが準備されている。さらにこれらのツールがより効果的に横展開されるために、活動結果のベストプラクティス事例が他の部門に伝搬され、参考となって横展開されていく仕組みになっている。また支配人には、店舗運営に関する計画・評価を行うライセンス評価制度があり、それは本社コンサルタント部と直接的なコミュニケーションの機会を持ち、店舗運営の業績に関する計画・評価だけでなく、品質向上、人材育成、さらに店舗や個人固有の具体的な課題を取り上げ、計画・評価する仕組みを運用している。

自己実現と感動人間の育成

　山本はホテルサービスの日常的な活動を通じて、ローコストオペレーションとお客様満足の目標に向かって執拗ともいえる継続した改善をすすめてきた。しかし彼はそれだけでは満足しない、どうすれば感動的な生き方ができるのか、ホテルの持続的成長を支える基本的要件はなにかを問い続けている。それは感動させる人として、ホスピタリティが人に粘着している「利他的人間」の人材育成であるという課題にたどり着いた。人は利己的でかつ利他的な二重性を持つが、利他的な要素の強い人間を目指そうということである。

　その「利他的人間」の実現は容易ではない。社会や企業組織の課題ともいえ、情報化社会に伴って生活、生き方、価値観の多様化が進み、その流れは経済社会や企業のパラダイムを変えようとしている。企業では市場の顧客の声に耳を澄まし、内部では上司や部下とコミュニケーションの重要性が高まっている。感動的な生き方を求めることは、まず豊かで明るく、楽しく行動するために「柔らか頭」で考えることであり、もう一つの利他的人間とは流行語となった「おもてなし」であり、相手への思いやりや感謝の気持ちを忘れない人間である。

　利他的人間の特性である思いやりや感謝の気持ちについて、山本は六つの「配り」を指摘する。それは相手やお客様の表情などから、何を求めているのか察知する「目配り」、状況に応じて臨機応変に気遣いする「気配り」、お客様の気持ちや心理状態を察知する「心配り」、言葉だけでなくきびきびした行動に移す「身配り」、言葉だけでなく手振りなど表情豊かな表現力の「手配り」、そしてその場や雰囲気に応じた機転の「気働き」を挙げている。

　このような思いは全社的な組織や従業員に対して論理性と感覚性の二つの側面から、業務活動を通してそれを支える組織風土や人材育成を図っている。その基本は、上位層の指示に一方的に従うのではなく、業務活動の課題を共有して業務プロセスの改善を図ることである。経営層と現場層が一体となって現状の課題認識に立ってその改善を考え、組織学習によって取り組みに当たる。日常の運用は、経営者と上位層から構

成される本社会議があり、毎日行われる朝礼では日々の経営課題を取り上げ、データや情報を全社員に配信し、本社会議の透明性を図っている。計画と実行は、上司と部下との間で仕事の質的な挑戦目標が設定され、期間損益や成長目標は予実の評価システムによって、計画の策定と進捗評価から修正や追加の対応施策を考えるサイクルに繋がっている。

　人材育成は業績目標だけでなく、感動的人間の自己実現や組織能力の向上を目的として、コミュニケーションと業務を通じて人材の成長を促している。その特長は、細かい目標を設定して業務活動の評価や結果を自律的に行う自主性を重んじている。また研修や学習方式による人材育成プログラムがあり、インターンシップや新卒研修をはじめ、ユニークな取り組みはワークアウト活動と呼ばれるプログラムである。それは米国のGE社が導入した経営改善プログラムと自社の変革プログラムを融合した独自の学習方式であり、そのシステムによって人材育成の強化を図っている。

参考文献等

スーパーホテル（https://www.superhotel.co.jp/）。
山本梁介［2013］『1泊4980円のスーパーホテルがなぜ「顧客満足度」日本一になれたのか』アスコム。
日本経営品質賞とは（参照：http://www.jqaward.org/gaiyo.html）。
　　　　わが国企業が国際的に競争力のある経営構造へ質的転換をはかるため、顧客視点から経営全体を運営し、自己革新を通じて新しい価値を創出し続けることのできる「卓越した経営の仕組み」を有する企業の表彰を目的としている。

第4章

患者、病院、社会の「三方よし」と病院経営「隈病院」

> キーワード
> 理念と病院経営、患者・病院・社会の三方よし、リーダーシップ

1 なぜ理念を病院の中核に持ち込むのか

理念と病院経営管理指標

　厚生労働省（以下、厚労省）医政局は、医療施設経営安定化推進事業として平成23年度病院経営管理指標について調査を行っている。その目的は、医療機関が健全、かつ安定した経営を維持していくうえで、経営上の問題点や課題の改革・改善のために、中長期的な展望に立った経営方針や経営戦略を策定することの重要性を示唆している。経営管理指標は病院の機能、規模、地域性の視点から経営状況の実態を計数的に把握するために調査が行われ、報告されたものである。病院経営者はこの報告書のデータや情報をもとに、この管理指標について自機関の分析と評価を行い、課題解決や経営安定化を図ることを目的としている。当報告書では理念、経営戦力や経営方針について、その策定の必要性を指摘している。

　一般的に経済体の経営理念とは、組織の存在意義や使命について普遍的な形で表した基本的価値観の意思表明である。その内容は、行動規範的なもの、経営の成功の鍵や経営姿勢を示すもの、企業の存在意義を示すなどいろいろな形で表現されている。一般的には、社会、顧客、およ

び社員の三者に関する理念が設定されることが多い。経営理念が難しいのは、適切な設定をしても時代の変化とともに形骸化し、現実と乖離してくることである。どれだけ優れた経営理念やビジョンであっても、その変更のタイミングを見極め、時代に合わせた方向の再設定や再定義をして、新たな道を踏み出さなくてはならない。

また経営理念は表現が抽象的で行動哲学的な意義を持っており、その下位概念の経営ビジョンは将来の具体的な事業と人や組織のあり方について将来の姿を想像させ、大まかな経営目標として売上高や利益目標を数値で示すことが多い。さらに日本では商いのあり方として昔から近江商人道として語り継がれている、三方よし「売り手よし、買い手よし、世間よし」の教えがある。これは、現在のビジネスにも通じるものがあり、行動規範や経営姿勢にまで踏み込んだもので、売り手の都合だけで商いをするのではなく、買い手が心の底から満足し、さらに商いを通じて地域社会や文化の発展に貢献しようとする、教えである。近年、病院経営は企業経営と同等なものとして経営理念に基づいた医療サービスの提供とその管理の重要性が増している。

経営管理指標と経営改善の取り組み

厚労省の病院経営管理指標に関する調査方法は、調査対象や調査実施方法に基づいて、調査票の配布と病院側の回答が集計されたものである。調査内容は財務表と概況表に分けられており、前者は病院会計準則に則って、年度財務会計として貸借対照表及び損益計算書に準ずるもので、後者は施設の概況、従事者の状況、患者数の状況、外来患者の医薬分業の状況、病院経営の取組状況、他機関との連携状況などに関するものである。病院経営に関する財務会計の視点から収益性、安全性を分析し、管理会計の視点から機能性や生産性として、患者側の人数、平均在院日数、外来／入院比、収益の指標があり、また医療サービス側では、医師や看護師及び職員等のスタッフと患者数の比率、救急車受入、紹介率などの指標がある。

この調査は、施設状況（病院種別、開設者別のマトリックス）別の施

設数や平均病床数、黒字病院比率等が報告されており、自機関の位置づけが一目でわかるようになっている。また一般病院における財務会計や機能性の視点から公民比較、病床規模別比較、利益率があり、これらのデータを時系列的（平成16年度から平成23年度）に8期にわたって報告がされている。さらに病院種別、開設者別、病床規模別に財務指標と機能性や生産性比率が詳細に報告されている、

　調査結果から経営改善の取組状況等は、病院側の取り組むべき経営課題と、その課題解決の探索と活動内容は、実に多種多様である。当報告書では病院経営として17の要素を挙げているが、ここでは、五つにグループ化して課題を整理して考えてみよう。第一は病院経営の理念や戦略であり、その要素レベルでは、経営理念・方針、経営戦略、経営課題の把握、医療技術のシーズや医療サービスのニーズに関する市場動向の把握、将来の病院外事業への多角化である。第二は医療サービスにとって病院間の連携と機能の分化と統合化の必要性が高まっており、そのために診療の質的な情報交換と協働学習、他の団体や行政との連携など外部とのコミュニケーションが重要である。第三は病院の中心的機能として診療・医療技術サービスによる患者対応があり、それを支援する業務活動と附帯するリスク管理や活動支援のIT活用である。第四は内部の組織や人事の管理があり、研修、評価、報酬、満足度向上の制度化であり、また職員の経営改革・改善活動に対する意識改革とそのモチベーションである。そして第五がこの一連の活動を支える財務会計であり、資産の調達と運用、及び診療サービスの会計管理やコスト管理である。

　このような経営課題は、企業経営と全く同じであり、理念の下で長期的な視点から経営ビジョンや経営戦略が立てられ、病院内部の経営資源や診療・医療技術サービスと適合を進めていかなければならない。それは患者目線から見た医療サービスの提供であり、患者満足度の向上である。それらの課題は経営者・医師・検査技師・看護師や管理スタッフが課題の共有化と課題解決の優先順位を決め、IT活用による診療データベースを核にして知識診療や知識経営を進めていくことである。本書で紹介する甲状腺専門病院の隈病院は、理事長の強力なリーダーシップの

もとで、四つの理念と戦略的なIT活用によって患者視点の最高の医療サービスの提供を行っている。また誇り得る病院内部の経営実態とスタッフの活動は社会から高い評価を得ている。

2　「三方よし」の医療サービス改善と理事長のリーダーシップ

当病院の理念と中核的な医療サービス

当病院の理念は先代の院長が策定したもので下記の四つを掲げている。

(1) 隈病院は甲状腺疾患中心の専門病院として最高の医療を均等に提供すること。
(2) 隈病院は甲状腺専門病院としての社会的役割を果たすこと。
(3) 隈病院は診療において患者中心の全人的医療を目指すこと。
(4) 隈病院は職員が誇りを持って働ける病院を目指すこと。

いずれも患者視点の医療サービスが行動規範の原点となっている。本書では近江商人道の「三方よし」に相当させ、四つの経営理念を患者視点、社会視点、病院側視点の三つの視点で論じている。

患者視点の医療サービス体制は、全人的医療の観点から診療科の枠を超えて治療方針の検討が行われ、連携した医療サービス体制をとっている。甲状腺疾患という専門性の高い分野において、内科的治療、外科的治療、放射性ヨード内用療法の全てを高いレベルで施行できる環境の維持確保と患者一人ひとりの症状、状況にきめ細かく対応した医療サービスの提供を行っている。

医療サービスの甲状腺治療が合理的・効率的に提供されるために、第一は患者中心の最高の医療サービス体制を敷くことが重要である。甲状腺治療は初診の役割が重要であり、症状が甲状腺に起因しているかどうかを判断するには高い専門性が求められる。まず初診では、内科・外科の区別なく、経験豊富な医師が診察にあたり、診断確定後は内科疾患の

場合は主に内科医が診療を担当し、甲状腺疾患に用いられる薬剤と他の病気との合併症や妊娠時の対応について処方を施している。また手術が必要と判断された場合は、速やかに外科医が診察を行い、術前検査と手術日の決定後に麻酔科医の診察がある。さらに常勤の病理医がおり、細胞診の標本と手術により摘出された標本について迅速で精度の高い病理学的診断をタイムリーに実施している。

　第二は、医療サービスにおいて、当病院が保有する診療カルテや経験情報に加え、全科の医師や看護師などが経験と知識を持ち寄って患者一人ひとりの最適な医療サービスに向けた「症例検討会」を開いている。その場では過去の症例に関する経験情報と患者固有の情報が共有される。そして全科の医師、看護師、臨床検査技師、放射線技師、薬剤師、カウンセラーといった多職種の経験と知識が「患者一人ひとりの最適な手術や診療」に向けて統合されて最適な手術や処方に繋げられていく。このような情報、経験、知識が表出化された形式知となり、また病院内の全職員に粘着された知識となってより安全で品質の高い治療が行えるように進化を続けている。

理事長のリーダーシップとIT活用による経営改善

　理事長は理念に基づいて経営課題の解決に対して戦略的なIT活用によって改革・改善に取り組んでいる。最大の使命である診療・医療サービスでは患者視点、社会視点、病院側視点から改善課題を抽出し、IT活用による電子カルテシステムの診療データベースを中心に位置づけ、多くの使途目的に効果を上げている。理事長は経営改善とIT活用はセットとして考えており、その証左に彼は自ら医療情報課長を兼任し、利用側と提供側の両面のリーダーシップを発揮している。

　まず第一に患者視点では、①質の高い医療サービスの提供を目的として、2005年から電子カルテシステムを導入している。既述した2011年度の厚労省医政局の調査では電子カルテ導入実績が、病院全体として39.6％、開設者別の医療法人系では26.5％であり、当病院の導入は先行的な部類に属する。データ入力が手間を取るが、初診時から診療中ある

いは手術に関する患者の状況がすべてデータベース化されると、いつでも医師や看護師は必要な情報を活用することが可能で、また担当者の変更にも継続的な診療を可能にしている。また今までの紙媒体のカルテ約30万冊はすべてスキャンによって電子化し、新しく導入した電子カルテシステムと連携性を持たせている。②来院される患者の負担を可能な限り少なくするために検査の日と診察の日を同日で行える仕組みをシステム化している。それは検査時間を短縮することであり、病院側の検査機器や検査技師の負荷状況と患者側の複数検査の予定から集中管理方式によるスケジュールのマッチングを行っている。③その待ち時間は電子ペーパー端末の振動信号によって知らせる患者案内システムがあり、院内どこでもリラックスして待つことが可能である。④サイネージと呼ばれる患者と医師の間のコミュニケーションシステムが院内に設置されており、端末を通して医療相談を気軽にすることができる。

　第二の医療・社会の視点では、専門病院として社会的役割を果たす使命があり、①いち早くインターネットを通してホームページを開設し、甲状腺疾患に関する豊富な情報発信と体調に不安や疑問を持つ方に親切に応えるページを備えている。②院内の医師のモチベーションに関連して、蓄積された医療データベースは、研究用途の多目的活用に合わせてデータウェアハウスを構築している。それは院内の診療支援システムとして活用されるだけでなく、国内外の学会発表や論文執筆に利用されており、医療業界に多くの情報発信と医療技術向上に貢献している。

　第三に、病院側内部の経営改善の視点では、①財務指標の収益性・安全性や成長性、②非財務指標として機能性やスタッフの満足度である。それは最善の医療サービスによる患者数の確保とスタッフの満足度や関連する管理業務の効率性と働く環境の改善である。この双方の管理指標は互いに強い相関性を持っており、インフラとして施設の充実をはじめ、セキュリティや安全・安心に対して十分な対策がされている。改善内容は多岐にわたるが特に医療サービス品質では診療支援をはじめ、医師、看護師、職員のスタッフの数と患者数の比率、他機関からの紹介率などの状況を把握している。代表的な改善例は、90年代に前院長が作

成した「手術台帳システム」をもとに機能の改善と拡張を続けた「Kuma DB System」は手術に関する進捗の管理システムとして運用されている。また院内のセキュリティはエレベーターの制御、階別管理や病室への入退室管理、さらに防犯カメラ導入による院内全体の安全・安心の監視を行っている。

3　理念を実現するIT活用とその効果

IT活用による理念の実現

　理念と長期的視野から戦略的IT活用が策定され、全スタッフにその方向性が徹底され、各職種での経験と知識が融合される仕組みと情報の共有化について取り組んで来た。理念とIT活用は、病院経営の課題解決がセット化されており、基幹的な電子カルテシステムなど医療データベースが運用され、また患者案内や検査待ち時間の短縮を行うサービスが構築されている。図表4-1は四つの理念に従って病院経営とIT活用によるシステム化の概要を紹介している。

　第一は最高の医療を均等に提供する理念であり、そのシステム化の目的は甲状腺疾患中心の専門病院として最高の医療サービスを提供することである。第1に、医療情報システムの導入があり、診療、検査、処方、あるいは手術など一連のサービス過程を電子カルテとして入力し、保存、蓄積されたデータベースから、そのデータ・情報が多目的に活用され、診療レベルの向上や関連するスタッフの生産性を支援する。第2に、手術のスケジュールや段取りとして、手術の精度を上げることを目的とした診療支援システムがある。これはKuma DB Systemと呼ばれ、90年代に現場の知恵として使われ始めた手術台帳データベースを順次改良を加えたものであり、基幹的な医療情報システムを強化・拡張したものである。

　第二は、社会的役割を果たす理念であり、ホームページの充実を図り、全国の検索者に甲状腺疾患についてわかりやすい解説によって情報

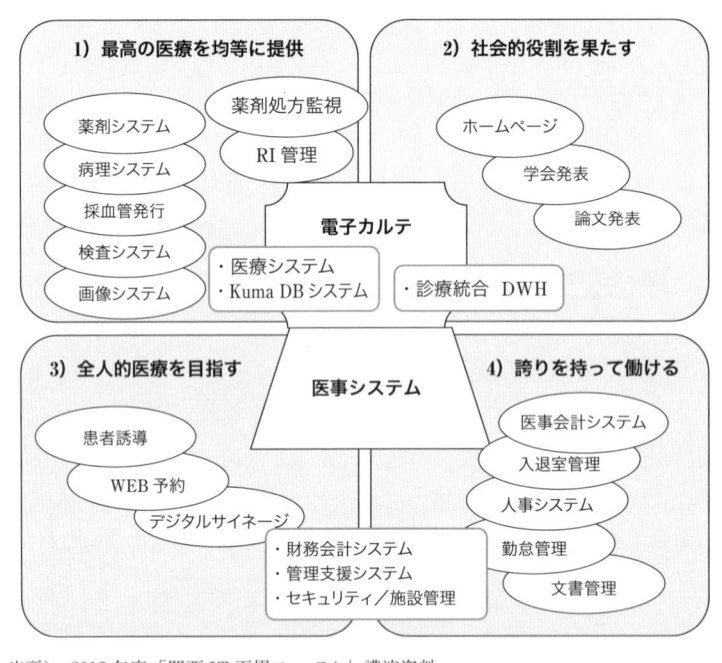

図表 4-1 四つの経営理念と対応するシステム

1) 最高の医療を均等に提供
- 薬剤システム
- 薬剤処方監視
- RI 管理
- 病理システム
- 採血管発行
- 検査システム
- 画像システム

2) 社会的役割を果たす
- ホームページ
- 学会発表
- 論文発表

電子カルテ
・医療システム
・Kuma DB システム
・診療統合 DWH

医事システム

3) 全人的医療を目指す
- 患者誘導
- WEB 予約
- デジタルサイネージ

・財務会計システム
・管理支援システム
・セキュリティ／施設管理

4) 誇りを持って働ける
- 医事会計システム
- 入退室管理
- 人事システム
- 勤怠管理
- 文書管理

出所）2013 年度「関西 IT 百撰フォーラム」講演資料

発信すると同時に Web による診察予約システムを準備している。また広く医療界の診療技術の向上と医師のモチベーションを目的として、診療経験や知見を広く国内外の学会発表や論文誌への投稿を勧めている。そのためには医療情報システムから研究用途として編集・加工した診療統合データウェアハウスを構築してその活動を支援している。

　第三は、全人的医療の理念から患者の利便性のために、呼び出しシステムが構築されており、一つは緊張感を緩め、院内のカフェなどで、待ち時間を少しでも快適に過ごすために、電子ペーパーの振動で知らせるサービス機能である。もう一つは複数の検査が必要とされる患者にとって、検査項目と検査技師や検査機器の効率的な組み合わせやスケジューリングが中央集中管理の下で行われている。この目的は待ち時間を最小にし、全体の検査時間を短縮して 1 日で検査と医師による結果説明や診

療が行えるようにシステム化したものである。

　第四は、誇りを持って働ける職場の理念として、基本は経営の安定化であり、財務会計上の予算計画や診療サービスの清算業務とその管理、そして病院施設も含む医事会計システムが構築されている。診療の流れは診察カードによる予約確認と受付がなされ、診療の医療費清算や領収書発行まで一連の業務処理が中心的な医事会計システムである。また管理系では人事管理上の勤怠など給与や評価の人事システム、病院施設の安全のためにハンズフリーの入退室管理や防犯カメラ設置による監視がなされている。さらにIT資産のデータや情報の保全では、情報セキュリティ、バックアップ機能、漏洩防止策が講じられ、機能性や生産性を高めるために職種を超えた支援情報の交換や検討会の情報共有化と情報活用がなされている。

効果と今後の課題

　情報化投資とその経済性効果を明らかにすることは、事業内容や医療サービスの特性上非常に難しい。したがって財務指標による投資対効果の分析は断念し、非財務的な経営管理指標について患者への医療サービスレベルの向上、さらに医師、看護師、検査技師など職員のモチベーションやスキルなど機能性や生産性について図表4-2の通りまとめている。非財務的な効果は主な指標の改善推移として2005年と2012年について比較している。

　この表からいえることは第一に、開示されている五つの管理指標はすべて生産性が上向き傾向にある。これは患者の満足度や他の医療機関からの高い評価を得た結果と言え、厚労省が管理指標としている病院側の

図表4-2　主な管理指標の推移

	診療実績 (1日外来患者数)	手術件数	入院患者数	学会発表 (国内・国際の合計)	発表論文数 (邦文・英文9年合計)
2005	380	1,526	1,646	100	367
2012	597	2,226	2,274	157	628

出所）　隈病院のホームページ「当院の実績と業績」

医療サービスや機能性の評価と考えて良い。7年間を比較して外来患者数は57％増、手術件数は46％増、入院患者数は38％増であり、また医師の経験知や知見を著した学会発表は57％、発表論文数は71％増と機能性の視点で顕著な効果を上げている。また外来患者数は高い増加率を示しているがそのうち兵庫県在住の患者数は56％であり、専門病院としての知名度は全国的に浸透しているといえる。さらに初診患者数のうち他機関からの紹介はこの期間比で5000名から9449名に飛躍的に増え、初診患者数比率も63％に上っている。

　第二に、診療支援システムのデータベースは手術や診療の効率化や精度向上に寄与しており、その背景には職種を超えた組織学習によるスキルや知識の共有化がある。さらにこれらの集積と研究用途のデータウェアハウスの構築は、医師たちのモラールやモチベーションとなり、多くの研究発表や研究論文の成果を出し、医療社会から高い評価を得て社会貢献をしているといえる。

　今後さらに病院経営における経営管理指標の改善に取り組むためにIT活用による仕組み作りと情報支援を強化する方針を持っている。患者と医師の関係性において、一つは診療精度の向上とわかりやすい説明やコミュニケーションが必要であり、3Dプリンタ導入による臓器モデルの活用を考えており、また同様に病院内の職種間のコミュニケーションのツールとして患者一人ひとりの見える化を進めていくタブレット端末の活用を検討中である。さらにIT資源の調達は迅速なシステム稼働のためにサーバーや高度なアプリケーションとしてクラウドコンピューティングの活用、病院運営の中枢機能を担うシステムの自然災害時や障害時の対応としてBCP対策も検討に入れている。

第2部

ビジネス・イノベーションと実践の三つの法則

　第二部では「関西IT百撰」の顕彰企業から明らかになった共通的な課題のビジネス・イノベーションと実践の三つの法則について、先行研究や事例を引用して理論的な裏付けを行っている。ビジネス・イノベーションとは、一つが商流や物流に関するサプライチェーンや業務プロセスの改革・改善を目指すビジネスプロセス・イノベーションである。もう一つはインターネット社会においてモノとサービス機能を融合した新商品・サービスの価値創造と消費者の生活様式の変化や利便性に応えるビジネス・モデルのマーケティング・イノベーションである。

　本来イノベーションとは「革新」を意味し、対象として広義に経済社会や産業組織、狭義に技術革新による商品・サービス、生産設備や機器の開発を指している。本書のビジネス・イノベーションでは、戦略、人・組織、ファイナンスとオペレーション全般のマーケティングや販売・生産・流通・サービス機能における改革・改善を議論している。

第5章

課題その1　合理性と効率性を追求するビジネスプロセス・イノベーション

> **キーワード**
> 市場適応、ビジネス・システムの進化、ビジネスプロセス・イノベーション

1 ビジネス・システムは市場の変化に適応しなければならない

ビジネス・システムは市場の変化に適応

　ビジネス・システムは企業の経営理念や経営目標を上位に置き、経営要素であるマーケティング、生産、販売、流通、サービスとそれを支える人・組織、ファイナンス、コミュニケーションの機能で構成される。これらの機能は下位レベルに位置するそれぞれの業務プロセスが業務処理を行っている。産業構造は政治、経済、社会、技術システムのシナジーによって形成されており、それは企業経営に大きな影響を与えている。現下の市場変化と企業間競争は、経済のグローバル化、技術革新とりわけITによるコミュニケーションや消費者行動の変化によって競争が激化している。

　経済社会の変化と厳しい競争下において市場・顧客から商品・サービスを獲得することは、市場動向や業界の競合他社に注視し、企業内部の適応として経営戦略をはじめ、経営資源の調達と運用、人や組織の再編成や再配置をすることである。さらに適応には、個別的な要素について適合要因や条件があり、適合状況に関して注意を払う必要がある。その適合による業績は数値化可能な売上高や利益だけでなく、数値化の難し

い顧客満足度や企業ブランドの評価が重要性を増してきている。適合要件は企業外部の需給先や流通チャネルなどとの適合性があり、企業内部では、経営資源の調達と運用、人・組織の編成や配置、組織能力の技術力やスキル、そしてこれらの組み合わせと調整のためのマネジメント手法が働く。ビジネス・システムには全社的な最適解が求められており、各機能分野や業務プロセスに応じて最適化のために要件の摺り合わせが重要である。またその適合にはスピード化が必要であり、企業内部の経営要素が迅速に機能を発揮していかなければならない。

ビジネス・システムの進化は業務プロセスの改革・改善とマーケティングの変革

　企業成長を続けるビジネス・システムは、第一にイゴール・アンゾフ［2007］が提唱した成長と多角化の戦略では、市場軸と商品・事業軸の二つの軸を設定し、それに既存と新規の区分けをして四つの象限としてセグメント固有の事業戦略を示唆した。多角化戦略には、既存事業の流通チャネル、技術・設計開発、製造設備、人材、企業ブランド、管理手法などの既存資産があり、その流用や共用の効果としてコスト面、付加価値のシナジー効果、複数事業によるリスク分散などが考えられるとしている。一方、負の側面では、企業内の事業部門間における競争原理を煽るあまり、経営資源の獲得について既存事業との軋轢や競合が発生し、新事業の開発・開拓に必要な施策や実行が既存システムの業務ルールや取引先とのビジネス・ルールに縛られるとしている。

　第二に、D. A アーカー［1986］は、市場戦略の視点から、市場開発展開の要件として推進要因を挙げている。多角化戦略と既存事業の関連性は、対象市場と製品・事業が両方とも新規の場合は既存事業との関連性が低くなるが、事業構造の流通チャネル、設計開発、生産分野などの共通性が高い場合は関連性が高くなると指摘している。彼はこれらの共通的な機能をアンゾフの二次元の軸に第三の軸として捉えており、その第三の軸は、開発技術、資材調達、組立生産、流通チャネル、販売形態などの機能を加えて、事業拡大戦略を展開していく必要があるとしている。

ビジネス・システムの進化は、企業成長のために市場や商品・サービスの事業、そして消費者との販売形態や内部のビジネス・プロセスのビジネス・イノベーションであり、その一つは業務プロセスの改革・改善に対応するビジネスプロセス・イノベーション、もう一つは変化する市場とパートナーに対してインターネットを活用したコラボレーションやマーケティング・イノベーションである。

このようなビジネス・イノベーションは、第一に市場に産出する商品・サービスが価格・品質・仕様などの基準と消費者が購入に至る業務プロセスの改善によって、高い満足度と支持が得られるという「有効性」の視点から行うことである。第二に、経営資源の調達と運用の「合理性と効率性」の視点から財務会計的にムリ・ムダがなく、業務プロセスの整合性や同期性が取られて全体的に最適な運用がなされているかということである。第三に、市場適合と経営資源の適合にはビジネス・システムと業務プロセスの勘合（嵌合）が重要であり、それは他の部門と結合されて機能を発揮するものであり、商流や物流の淀みや過不足の調整をする変換工程ともいえる。

機能化の目的は、業務プロセスの効率性と統合化による全体最適化の追求である。具体的に言えば、生産部門は生産量指標だけの効率化だけでは企業全体の最適化に至らず、前後工程や下請け、協力企業との連携や調整によって全体最適がなされる。したがってこの全体最適化のための生産管理手法、生産技術、自動化技術、さらに物流機能や配送機能との適合要件があり、それは業務系の連携機能と機器系の接続機能の両面から課題に取り組んでいかなければならない。

2　ビジネス・システムの進化はビジネスプロセス・イノベーション

ビジネス・システムの 経営課題とイノベーション

ビジネス・システムは、人・組織と業務活動を繋ぐコミュニケーションと情報活用によって、企業内部の経営資源を適応させるために各経営

要素別に適合をすすめていくことである。具体的な適合には、市場・顧客に対する競争優位性の戦略、マネジメント、人・組織の適合がある。この適応と適合を進めるには新しい創造と創発的な交差機能や実践によってビジネスプロセス・イノベーションとマーケティング・イノベーションをすすめることである。この一連の過程を支えていく推進力が経営者のリーダーシップ、ITの戦略的活用、社員力であり、その全体的な関連図が図表5-1であり、要約は次の通りである。

(1) 企業環境に適応する市場・顧客の適合要件は、①標的市場の選択と良好な顧客関係の維持確保、②競合適合の競争優位性として商品・サービスやビジネス・プロセスの差別化と利便性、③需給先等、ビジネス・パートナーや社会との共生に関する適合がある。

(2) 企業内部では経営資源の適合要件は、①投入資源の調達や運用の適合、②人材の確保や育成と編成された組織の機能性や機動力の適合、

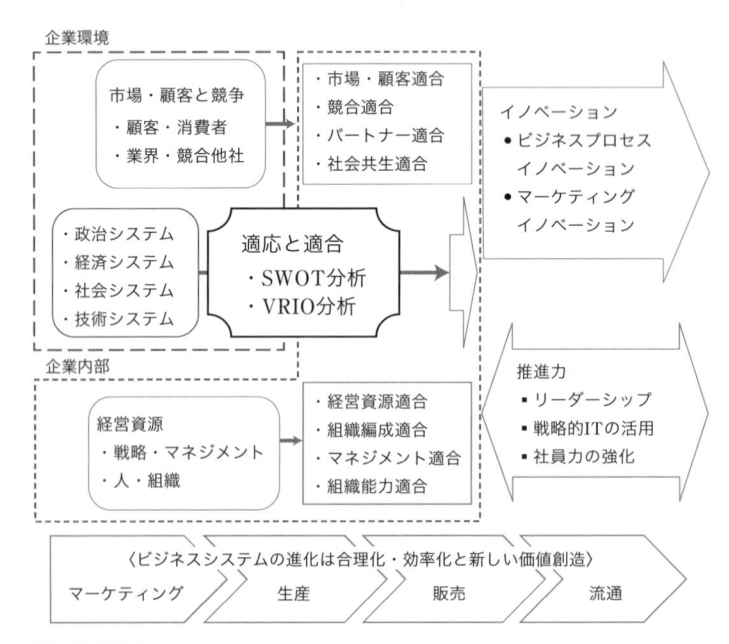

図表5-1 ビジネス・システムの進化

【企業環境】
- 市場・顧客と競争
  - 顧客・消費者
  - 業界・競合他社
- 政治システム
- 経済システム
- 社会システム
- 技術システム

→ 市場・顧客適合／競合適合／パートナー適合／社会共生適合

適応と適合
・SWOT分析
・VRIO分析

【企業内部】
- 経営資源
  - 戦略・マネジメント
  - 人・組織

→ 経営資源適合／組織編成適合／マネジメント適合／組織能力適合

イノベーション
● ビジネスプロセスイノベーション
● マーケティングイノベーション

推進力
■ リーダーシップ
■ 戦略的ITの活用
■ 社員力の強化

〈ビジネスシステムの進化は合理化・効率化と新しい価値創造〉
マーケティング 》 生産 》 販売 》 流通

出所）筆者作成

③戦略やマネジメントは戦略策定や管理指標を設定し、PDCAサイクルに沿って進捗管理や評価と分析を行うことである。また適合状態にあるか否かを判断して計画の修正や追加の対応を取ることである。

（3）さらに人・組織の組織能力に関する適合要件が重要であり、それは思考力、学習能力、実行力を基本として戦略や実行の策定能力、商品・サービスの技術開発力、業務活動の実行や改革・改善の推進力とコミュニケーション能力である。

このように企業環境の変化に企業内部の経営資源は経営要素の業務プロセスの摺り合わせと全体的な最適化について創発的な適合を繰り返しながらビジネス・システムの進化を図っていく。

業務プロセスの改革・改善はビジネスプロセス・イノベーション

企業内部には戦略とマネジメントがあり、それに従って人と組織がオペレーションをコントロールしていく。オペレーションには、マーケティング・生産・販売・流通・サービスなどの機能があり、その機能化のために戦略の企画管理、人事・組織、会計・財務、及びコミュニケーションの支援機能がある。さらに販売機能であれば受注業務、販売業務、債権・債務業務などの業務プロセスを細分化して展開されている。これらの業務プロセスは、他部門と繋がりを持ち整合性と同期性、他社との連携や消費者との間で情報のやり取りやコミュニケーションが必要である。それは迅速性と全体最適化の要件があり、人間系の業務プロセスとデータ・情報の技術的視点から整合性や接合性を摺り合わせて検討しなければならない。また国際的な取引では、異文化経営の要素が加わり、取引の商慣習や制約条件の相違に注意を払わないといけない。さらに経済構造の競争要因がモノからサービスやソフト化に変わってきており、取引形態の業務プロセスについても同様な考慮を払って、ビジネスプロセス・イノベーションに取り組まないといけない。

経営改革・改善はビジネス・イノベーションの概念と相当として考えられ、企業経営のビジネス・システムと業務プロセスの実行は、その要素間同士、要素と業務プロセス、業務プロセス同士において合理性と効

率性を追求することがビジネス・イノベーションといえる。一般的なイノベーションとは、①改新的な新しい商品・サービスの技術開発、②モノづくりやサービス開発過程の革新や高性能な生産設備、及びその支援ツールの活用、③さらにビジネス・システムや業務プロセスの革新的な形態や繋ぐ機能の改善として3類型があり、これらは相互に影響を与えながら共進性をもって進化している。

　3類型は、①プロダクト・イノベーションとして商品・サービスのニーズに基づく革新的な創造や改良による新商品の開発であり、②プロセス・イノベーションとして生産技術や自動化技術による大量生産大量販売のための設備革新といえる。③企業の課題であるビジネス・システムや業務プロセスの改革・改善と創造のビジネス・イノベーションである。企業内部の適応は一つの業務プロセスから次第に複数の業務プロセス間に拡大され、全体最適化を目的として、取引先企業を巻き込む大規模なビジネスプロセス・イノベーションに発展していった。もう一つはインターネット等のIT活用による新しい価値創造を目論むビジネス・モデルのマーケティング・イノベーションである。その背景には市場のグローバル化や消費者行動の変化に適応するニーズと、IT革新によるシーズの戦略的活用があったからである。

3　ビジネスプロセス・イノベーションとIT活用

ビジネスプロセス・イノベーションとIT活用に関する指摘

　マイケル・ハマー[1993]は、経営改革・改善のために部門間の業務ルールや企業間のビジネス・ルールを抜本的に見直し、業務プロセスの職務内容、業務フロー、管理機能に関してリエンジニアリングの概念にしたがい、情報システムの再設計の必要性を指摘した。また従来の自動化や合理化方法では効率性の限界があるとし、ITを活用した業務プロセスの再構築は、経営とITの両視点から融合的なリエンジニアリングを提起している。また抜本的な改革をすすめる人事報酬制度は、従来型の活

動や能力重視の視点から結果重視の考え方に変更し、さらに顧客満足度のような課題についても業務プロセス単位で評価を明確にするべきであるとしている。一方、彼は報酬制度に関して、スキルや技術を得ようとする努力や姿勢の面を評価することも指摘している。特に昇進や昇格は業績結果だけではなく、潜在的能力など多面的な視点で評価をするべきであると指摘している。

トーマス・ダベンポート［1994］らは、リエンジニアリングとITの活用は、人と組織にとって革新的でより効率的な再設計がなされ、従来と異なる仕事のやり方を支援することで効果が発現することができるとしている。彼は人や組織と業務活動の取り組みに、業務プロセスの改革・改善が重要であり、それを支援する機能がIT活用であると指摘している。それは既存の業務プロセスをそのまま機械的にスピードアップをするのではなく、人と業務との噛み合いについて調整や合意による業務設計を行い、情報システム化をすべきであると強調している。またゲイリー・ハメルとC. K. プラハラード［2005］は、企業環境の不確実な変化の中で競争優位性を築く競争戦略としてコア・コンピタンスの概念を提起し、それは固有の継続的で創発的な活動に取り組む組織能力であると強調している。

製造業のビジネス・システムは消費者や販売店の受注から生産計画、資材購買、組立・工程へとつながり、流通チャネルの販売や物流機能の倉庫保管や配送業務を通じて消費者に納入される連鎖したプロセスに拡大された。これらのサプライチェーンは合理性・効率性の視点から、販売・受注システム、生産管理システムそして流通システムや物流システムとしてムリ・ムダ・ムラを最小化する改革・改善がなされてきたのである。また消費者や顧客側では、必要なとき、必要な商品・サービスを必要な数量だけ、指定する場所へという利便性を享受できる。この一連の業務プロセスの改革・改善は、競合他社との競争優位性を維持・確保する要因であり、ビジネスプロセス・イノベーションといえる。

サプライチェーンマネジメントシステム（SCM）は、ビジネスプロセス・イノベーションの典型例である。メーカー、供給業者、最終消費

者までの機能や関連する商流や物流の連鎖した流れを見直し、プロセス全体の効率化と最適化を実現するための経営管理手法である。ビジネスプロセス・イノベーションは、開発、調達、製造、物流・配送発送、販売といった各プロセスでの在庫量や滞留時間などを削減することと顧客・消費者に最短かつタイムリーに商品を供給することである。それはリードタイムの短縮化、在庫量の適正化、設備の稼働率向上など、財務会計的な合理性と効率性を求めることである。

また流通・サービス業では、マーチャンダイジングや販売は受注情報と他の変動要因を加味した需要予測によって発注・物流、販売システムなどに結び付け、計画と実績の精度向上や最適化を目的としている。例えば、エクセレントオペレーションで知られる米国のウォルマートでは、SCMをさらに進化させ、供給業者を巻き込んだ商品企画から売上予測、商品補充の業務プロセスをひとまとめにしたCPFR（Collaborative Planning Forecasting and Replenishment）と呼ばれるビジネス・モデルを構築している。

サプライチェーンマネジメントシステム（SCM）とIT活用の具体例

一般に、製造業や流通業における大企業ほどSCMの導入が進んでおり、システム導入にあたっては、業務運用の業務設計とシステム設計について摺り合わせを行う必要がある。SCMは、企業内の業務プロセスの連鎖だけでなく、後工程の流通チャネルや物流業者に影響を与えている。より短いリードタイムやきめ細かい要求に応えるSCMは、大規模な物流センターの拡充や陸・海・空の補完的輸送システムの構築など、物流網システムの効率化が進んでおり、その業務処理には情報システムの再構築が必要である。図表5-2は全体的な業務設計とIT機能の側面から業務処理と情報活用の流れをまとめたものである。

業務機能の側面では、顧客の自由な商品選択やリードタイムの要望に応えることと並行して、工程内の在庫量の過不足調整や削減の視点から会計・財務の改善を狙うものである。またIT機能の側面ではデータや情報の精度が鍵であり、完成品メーカーは受注情報と予測データから基

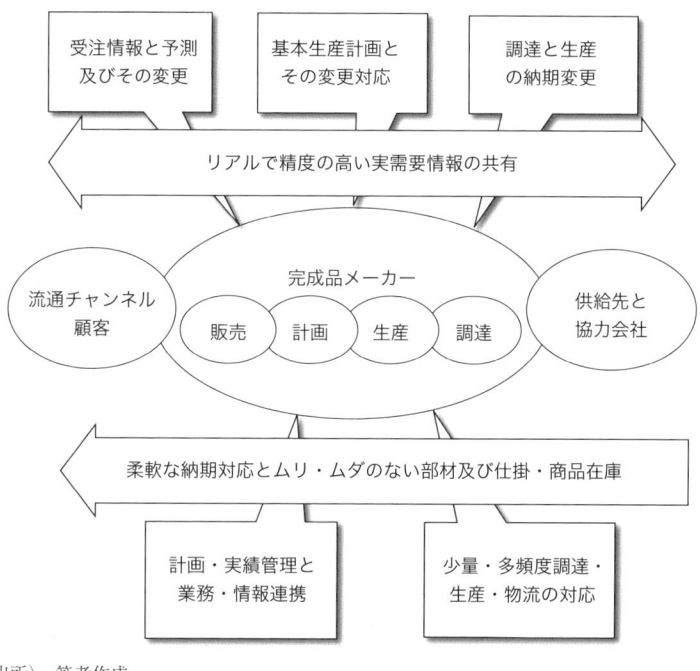

図表5-2 サプライチェーンマネジメントシステム

- 受注情報と予測及びその変更
- 基本生産計画とその変更対応
- 調達と生産の納期変更

← リアルで精度の高い実需要情報の共有 →

- 流通チャンネル 顧客
- 完成品メーカー（販売・計画・生産・調達）
- 供給先と協力会社

← 柔軟な納期対応とムリ・ムダのない部材及び仕掛・商品在庫 →

- 計画・実績管理と業務・情報連携
- 少量・多頻度調達・生産・物流の対応

出所）筆者作成

本的な生産計画を立て、その後短期的なサイクルで、生産変更に応じて修正をしていく。完成品メーカーと取引先は原材料や部品・仕掛品について修正された精度の高い情報を共有することによって在庫や設備機器のムリやムダを最小限にするように努める。すなわち情報活用は前半工程ではリアルで精度の高い情報を共有し、後半工程では柔軟な納期対応とムリ・ムダのない部材や仕掛・商品在庫を確保することである。

SCMの会計的意義と日本の経営システムの方向性

このSCMの概念が出現した背景には意義として二つあり、一つは在庫量の適性化と柔軟な顧客の納期要望に対応すること、二つ目は在庫量と製造原価低減の背反関係についてデータによる因果関係から、最適解を求めることである。この概念にはスループット会計が提唱されてお

り、スループット（T）とは販売による売上高から直接的な仕入部材費用を差し引いた金額であり、在庫（I）は、原材料から部品、仕掛品および製品の全在庫金額、運営費用（OE）はサプライチェーン全体に関わる経費である。投資効果（ROE）は、スループットから運営費用の差額を在庫金額で除したパフォーマンスであり次式で定義している。

スループット（T）	＝	販売による売上高－仕入部材費用
在庫（I）	＝	部品、仕掛品、製品など全在庫金額
運営費用（OE）	＝	サプライチェーン全体の経費
投資効果（ROE）	＝	（T－OE）／I

　この手法の特徴は、販売による売上高を増大させ、運営費用の最小化を図る損益増大と全行程の在庫量の削減に注目したキャッシュフローに近い捉え方をしている。さらにこの考え方は全行程のよどみと過不足のない部材供給の流れとして、加工時間や待ち時間などの時間的要素を取り入れ、その流れを妨げる制約条件の要因分析によって工程内の改革・改善を狙うものといえる。

　また国領［1995］は、従来の日本の経営システムが囲い込み型の情報ネットワーク経営であったが、今後はインターネットやモバイルの普及に伴ってオープン型経営に変わりつつあるとし、その方向に沿って改革・改善をすべきであると主張している。さらに彼［1999］は、オープン化として商品・サービスの商品化や部品の標準化、ロジスティクス業務における輸送や配送の梱包技術や積載技術の汎用化、そして企業経営の共通機能についてシェアードサービス業務のオープン化など三つの課題を指摘している。

　商品化のオープン化とは上流工程の特許の活用や高度な技術情報の開示があり、生産分野では部品やデバイスレベルの標準化や汎用化によるコスト削減、またそれはサービス分野において従来の垂直型から水平型への転換によってサービスビジネスの拡大に繋がっていく。またロジスティックス業務分野やシェアードサービス業務分野ではアウトソーシング方式の導入によって運用コストの削減が期待されると指摘する。

日本の経営システムの方向性は、汎用的なルーティンワークはビジネス・イノベーションと戦略的IT活用によるシステム化をすすめ、日本固有の摺り合わせ技術や協働性による知識創造や品質について世界の市場に対して競争優位性を発信することである。また、流通・サービスの複合化と販売業務の接客対応について日本的文化として協調性やおもてなしなどの特徴を大切にし、資本先行の海外進出だけでなく人的資源の実践的な組織能力をコア・コンピタンスとして市場拡大化の展開を図っていかなければならない。

参考文献

イゴール・アンゾフ（H. Igor Ansoff）著、中村元一監訳［2007］『アンゾフ戦略経営論 新訳』中央経済社。

D. A. アーカー（D. A. Aaker）著、野中郁次郎、石井淳蔵、北洞忠宏、嶋口充輝訳［1986］『戦略市場経営——戦略をどう開発し評価し実行するか』ダイヤモンド社。

マイケル・ハマー（Michel Hammer）、ジェームス・チャンピー（James Champy）著、野中郁次郎訳［1993］『リエンジニアリング革命——企業を根本から変える業務革新』日本経済新聞社。

トーマス H. ダベンポート（ThomasH.Davenport）著、卜部正夫訳［1994］『プロセス・イノベーション——情報技術と組織改革によるリエンジニアリング実践』日経BPセンター。

ゲイリー・ハメル（Gary Hamel）、C. K. プラハラード（C. K. Praharad）著、一條和生訳［1994］『コア・コンピタンス経営——大競争時代を勝ち抜く戦略』日本経済新聞社。

国領二郎［1995］『オープン・ネットワーク経営——企業戦略の新潮流』日本経済新聞社。

国領二郎［1999］『オープン・アーキテクチャ戦略——ネットワーク時代の協働モデル』ダイヤモンド社。

第6章

課題その2 インターネット社会のマーケティング・イノベーション

> キーワード
> 競争環境の変化、サービス融合、SNS、モバイル、クラウド

1 変わるマーケティング

市場の変化による競争環境の激化

　経済構造の変化は、経済のグローバル化と市場や消費者行動の変化があり、その変化によって競争環境に大きな変化を与えている。とりわけ技術革新のITは、処理基盤技術、通信技術そしてソフト・ウェア技術の領域で目を見張るものがあり、情報革命あるいはコミュニケーション革命ともいわれる経済社会を形成している。コミュニケーションについて今井［2002］らは、IT革新は、情報伝達のスピード、適用分野の拡大や可能性など、社会的なインパクトを与えた点で蒸気機関の産業革命に匹敵する技術革新であるとしている。この情報革命が、単に技術や経済だけの問題ではなく私達の「くらし」と「いのち」の領域にまで幅広くかかわっており、「経済文化」を新しく作り直す局面にある。インターネットは、人と人、人と組織、組織間のデジタルやアナログの情報のやり取りを変え、意思の伝達方法や交流の仕方を変えて広い意味の「コミュニケーション革命」を生み出している。それがキーとなって、産業構造や競争環境の視点で企業経営を基本的なところまで変えようとしており、企業では経営ビジョンや戦略に基づくビジネス・システムだけで

なく、企業外の市場・消費者とのコミュニケーションが、益々重要な要素となっている。

競争環境の変化は、第一に市場融合があり、従来の色々な固有の媒体によるサービス形態からデジタルコンテンツ化されたサービス形態への変化がある。例えば書籍、音楽、映画などのオフラインサービスはそれぞれ電子書籍、音楽配信、映像配信としてコンテンツ化され、ユーザーは同一プラットフォーム上で、検索、選択、配信、受信を経てそれらのコンテンツを自在に操作することによっていつでも、どこでも楽しむことが可能なのである。

第二に、競争の変化は商品・サービスの売り手側と市場・消費者はインターネットによるコミュニケーション機能の介在が強く影響している。消費者は商品・サービスの属性や品質を評価する際、分類として探索財、経験財、信頼財に分けることができ、消費者とのコミュニケーションは次のように考えられる。家電、自動車など耐久消費財などは、商品情報が豊富で評価基準がある程度明確で、購入前に比較検討が可能な探索財といえる。またホテルやレストラン、遊園地のようなサービス分野は、事前情報や評価基準が一元的でなく当事者個人の経験や主観的な考えによるもので経験財としている。さらに信頼財というカテゴリーは弁護士、医師、コンサルタントなどが提供するサービスである。このサービスの真価は、専門性が高い領域で一般的に評価がしがたく、結局その提供者を信頼してまかせるしかない部類である。

現在、インターネット・マーケティングが浸透しつつあり、探索財にとってリッチネスと呼ばれる豊富な情報が、国境や業界を超えてリーチという特性によって広域な範囲に瞬時にして配信されている。その上に提供側と消費者との間で創られる電子空間では、消費者の要望と提供側の商品・サービスの仕様・機能との符号について、検索やマッチング機能を提供することが可能となっている。また経験財や信頼財の情報は、アクセス側の経験や主観的な基準によって評価がなされるのは当然であるが、市場・消費者のコミュニティや仲間たちのSNSを通したコミュニケーションが大きな影響を与えている。したがって競争環境は大きく

変化しており、従来のモノを対象とした競争要因に加えて、ITとSNSの戦略的活用による競争戦略を取り入れていかなければならない。

製品とサービス機能の融合化

　企業経営は、合理化と効率化のために設計開発分野の製品設計や部品の標準化と、生産分野のアウトソーシングや工程について標準化が進められている。また市場・消費者側ではニーズの多様化や飽和化によって消費者行動が変化し、商品・サービスはますます短命化と安価な方向に進みつつある。トフラーの言う『第三の波』は情報化の流れの中で、企業の生産側と消費者の距離が縮まり、消費者が自分の考えや価値観を自由に発信し、市場の不特定多数者と容易に同意や反論についてコミュニケーションを行うようになっている。生産者（Producer）と消費者（Consumer）が一体化した新しいタイプの取引形態は、プロシューマーと呼称され、ネット上において、消費者が気軽に売り手側に立つことも可能となっている。例えば消費者同士が必要な商品・サービスと不要となった物品の交換的な取引が容易に出来るのである。双方向のコミュニケーションは、今後さらにネット上の情報を通じて、生産と消費を行うプロシューマーが、益々増加すると予想される。

　情報化社会の企業競争は激化と多様化の一途を辿り、その先行優位性は束の間の短命化しており、「商品」と「サービス」が一体化した新たな価値創出のマーケティング・イノベーションが進んでいる。それは第一に、商品単体での差別化が難しい中で、付加価値のサービスをプラスした差別化商品として、ITのサービス機能を組み込んで市場のニーズに対応している。たとえば、日本では、クラウドを利用したスマートグリッド（次世代送電網）、センサー技術を活用した高齢者やヘルスケア分野の遠隔診断、配送時のエコドライブ支援など、最先端のIT機能を搭載したさまざまなサービスの価値創出が検討されている。また、アジア各国では、グリーンITへのニーズや環境問題への取り組みに関心が高まっており、社会や市場が激変する局面に既存のビジネス領域を拡大していく絶好のチャンスといえる。いちはやく商品・サービスを市場に

投下し、業界の先行者としての優位性を掴むことが重要である。

　第二に、商品の機能とソフトウェアの組合せによる情報処理機能を加えて価値を生み出すシステム商品が他にはない付加価値の創出につながる。たとえば産業・建設機械とそのメンテナンスサービスは、本体の機器に通信機能を搭載し、稼働状況について情報収集や把握が可能になり、それは故障時や老朽化時の部品や消耗品交換等のメンテナンスに関するガイドまで可能にする。このような機能は、使用側で安心して稼働させるだけでなく盗難防止にも利用でき、一方、メーカー側では顧客の囲い込みや追加注文の機会も予知することができる。こうした新しい基盤的な技術は、M2M（Machine to Machine）と呼ばれ、色々な機器やシステムに通信機能を付加して情報を交信するもので、人を介在させずに直接監視や制御を行う技術方式である。具体例は産業機器や家庭電化製品の遠隔制御、自動販売機の商品補充や温度制御、さらには、家庭のガス、水道、電気メーターの自動検針と課金システムとの連携など、多くの領域で新しいサービス機能の創出が考えられている。

2　インターネット・マーケティングの台頭

インターネット・マーケティング

　コンピュータとインターネットは、新しいインターネット・マーケティングの浸透によって市場の消費者と企業の取引に大きな変化を与えている。筆者［2004］は、インターネット・マーケティングに関して次のような要旨を発表している。新しいマーケティングとインターネットの関係性は、①マーケティングリサーチは、商品力を高めるために生の情報を収集し、商品企画や開発において双方向のコミュニケーションを重ねて共創型開発を行う。②価格設定は、仕入方法のオークションモデル等、消費者主導の新しい方法を取り入れる。③プロモーション機能では、消費者に商品を認知・理解させるために情報提供や来店誘導、さらにマッチング機能のコミュニケーション手段として活用する。④優良顧

客の醸成は、新規顧客や既存顧客の保存データの購買履歴から顧客の層別管理によって行う。⑤流通チャネルと直接的なネットワークは業務プロセス上のムリ・ムダを省き、スムースな伝達機能によって配送・物流部門の効率化とスピード化を可能にするとしている。

　インターネットによる取引形態は基本型として三つに類型化され、それは企業と企業（B to B）、企業と消費者（B to C）、消費者同士（C to C）である。企業同士の取引形態 B to B では、流通チャネル先や購買取引先などの企業と迅速な情報交信がなされ、豊富な情報配信だけでなく、受発注や納期情報、製造業では SCM システムとして計画や変更の対応を迅速に行う。迅速な通知は相手先の設備や作業者の稼働計画、部材の在庫に関してムリ・ムダの効率性と合理性に貢献する。

　企業と市場・消費者との直接的な取引形態である、B to C のマーケティングでは、インターネットの特徴が最も生かされている。それはいつでもどこでも不特定多数の消費者が豊富な情報を入手し、リアルタイムで電子空間上での商品・サービスの要望に沿って検索やマッチング機能を活用することが可能となる。マーケティング領域の広告・宣伝機能は、既存のメディアに比べて豊富な情報のリッチネスと広域化カバー範囲のリーチの特性を持ち、さらにマッチンング機能についてコミュニケーションを可能にしている。一方既存のメディアには固有の特徴があり、メディア間で補完的連携をするクロスメディアと呼ばれる手法が活用されている。

　これらの二つの取引形態はメーカー、取引先、市場・消費者側の三者が連鎖しており、販売実績は、商品セグメント、エリヤ、担当組織別、流通チャネル別の情報把握をすることができ、精度の高い計画策定を可能にする。また生産と物流の連鎖の視点では、それぞれの取引先の経営資源の最適化と効率化やスピード化を可能にし、特に物流機能の包装・保管・輸送機能は、標準化やオープン化によって他社も含めた集約化による効率化が期待できる。また基本類型の三番目は、消費者同士が直接的に取引をする C to C であるが、消費者が単なるユーザーでなく、地域、同好、職場のコミュニティと繋がり、そこにソーシャルサービスと

絡まり、今後益々不特定多数の消費者同志のビジネス形態が予想される。さらにビジネス・モデルは妊婦や子育てに追われる労働弱者層の提供側と消費者層側の高齢者などの買い物弱者層がそれぞれの特性を補完し合うビジネスの多彩な形態が考えられる。

　取引形態の基本形態はインターネットによって、B to B 、B to C、C to C との区別がはっきりしなくなるばかりか、その延長線上や組み合わせとしてB to B to C 、B to C to C など色々な形態が考えられる。電子空間（マーケティング・スペース）上のコミュニケーションは、商品・サービスの誘導機能からマッチング要件に対する符号機能が益々重要となっている。さらにインターネット・マーケティングのリッチネスやリーチの特性は、ニッチ商品に対応するロングテール・マーケティング手法や顧客固有のオリジナルな要望対応のビジネスに活用される。さらにこのような取り組みは、家族、コミュニティ、仲間と楽しみ、感動する「コト」と結合したビジネス・モデルの台頭に繋がっていくだろう。

インターネットの広がる機能

　情報化の浸透は、情報の非対称性の崩壊と情報量の豊富さによって、購買の主導権が市場・消費者に移り、価格破壊や消費者行動の多様化の変化を起こしている。このような背景のもとで企業は経営目標や財務指標達成のために他社との競争優位性に挑戦している。嶋口［1999］らは、消費者の顧客満足度の視点から戦略的な顧客満足の評価尺度について、単なる理念として漠然と捉えるのではなく、消費者の選択性や利便性と企業の競争優位性の要件として捉え、投資発想を持って対応していくことが必要であると指摘している。

　新規顧客の対応は、基本的な面と応用的な視点に分け、前者は最低限の社会的責任を果たし、後者は企業の独自性や強みを反映させたブランド基準に従って満足度追及を展開していく。競争優位性とは、企業の自己満足に終わることなく、従来の競争戦略に加えて消費者と新しい共創的なビジネス・モデルとして革新的な仕組みを創造するイノベーションを考えることである。また投資発想の顧客満足は、関連する企業活動に

ついて現在の財務会計的な視点から将来の期待効果として人材育成などに取り組むことを指摘している。

インターネット・マーケティングは、企業と消費者が電子的な時空間を共有して同じ次元で情報を共有し、検索やマッチングの過程を経て購買行動や価値創造をしていくことである。市場の標的市場は益々細分化の方向にあり、商品・サービスはリアルだけでなく巨大なバーチャルな倉庫にあり、その探索や符号機能が電子的な時空間のスペースであるといえる。インターネットを通して生まれる価値創造は、今まで想像できなかった新しい経験の絆や共感、感動などの感覚的な価値創造に繋げていくことが大切である。

またマーケティングの個別的な機能である、伝統的な4P（商品・サービス、価格、市場・流通、販売推進）は従来のものと本質的には変わらない。インターネットの持つ特徴が広範囲に豊富な情報を瞬時にして配信させることから従来の企業活動のパラダイムを変え、特に販売推進では強力な影響力を持つ道具として活用されている。一方、消費者へのイメージの植え付けや心の世界に訴える感覚性と対面的な表現性には限界があり、他のメディアの特性を生かすマルチメディアとの組み合わせや連携の活用によるクロスメディアの方法がとられている。

インターネットの最大の機能は、コミュニケーション革命と言われる情報の伝達機能とその拡散現象である。それは大きく分けて二つの領域にインパクトを与えており、一つはITと他の産業が融合されて画期的な産業構造と新しい事業創造のイノベーションを起こしていることである。例えばITと都市、環境、エネルギーをはじめ、自動車、医療・健康の産業など、多くの業種・業界と融合した事業構造を創造している。もう一つは人間系の行動や価値に基づくものであり、自己実現の機会創造や本質的な人間のあり方を追求した経験と感覚性の世界に関する情報の交信である。さらにコミュニケーション機能が人間の深層心理を揺さぶり、感動領域に入り込んでコミュニティや家族との絆文化の大きなツールとなる方向にある。

3 インターネット社会のマーケティング

ITと他の業種・業界との融合化

　近年の商品・サービスの産出は商品とサービス機能が融合あるいは付加されて新しい機能を持つ付加価値商品の価値創造に移っている。この背景には、工業製品が飽和化市場となり、消費者・市場の求める商品・サービスが融合化された機能の価値に移行したことである。またサービス産業が拡大している要因には、社会で暮らす豊かさや質の高い生活への欲求と余暇時間の増大があり、社会現象として都市化や高齢化に伴う労働形態の変化がある。企業環境は、グローバル化や競争の激化に伴って新しい新サービスの出現とそれに応えるスキルや能力の要請等がある。業界で見れば警備、財務・会計、広告、コンサルティング、デザイン、メンテナンス、情報サービスなどのサービス業が外注や委託方式も含めて増加の傾向にある。

　ビジネスの環境がサービス牽引型に変化したことに対応して、マーケティングはモノの価値だけでなく、モノで実現するサービス機能の評価尺度にシフトされている。そのマーケティング戦略は、モバイルなどのインフラを活用した顧客や消費者行動の見える化と消費者との共創型による商品開発や取引形態に関する新たな仕組みづくりが増えている。

　サービス商品は、「無形性」「同時性」「新規性」「中小企業性」などの特性があり、サービスのパフォーマンス、サービス分類、サービスに係る人的能力の評価、そしてサービスマネジメントの一元化や標準化が非常に難しく生産性向上にとって大きな課題である。また市場・消費者はその基本的な機能的要素がどんどん満たされてゆくにつれ、消費者個人の美意識、プライド、個性化、感覚的要素などに多様な個人的欲求を生み出している。単に機能的に役立つだけでなく、その商品のなかにその心理的要素を加味させることは益々具体的な合理性が解りづらくなり、生産性に負の影響を与えている。

　他の業種・業界とITによるサービス機能の融合化に関する動きは、

AppleやGoogleが次世代の自動車産業に目を向け、Appleは自動車とiPhoneを連動させるiOSのCarPlay（カープレー）を発表しており、すでに主要な自動車メーカーはその対応をコミットしている。またGoogleは、すでに無人自動車を公道で試運転しており、このようなAppleとGoogleの攻勢は既存の自動車メーカーにとって脅威であり、従来と全く異なる発想が、自動車産業の覇権を失いかねない危機感を与えている。

またGoogleとAppleは、スマートフォンの次世代と言われるウェアラブル・コンピューター分野で激突しており、Googleは「Googleグラス」や「腕時計型端末」のような製品のOS「Android Wear」を発表し、一方AppleもiPhoneの実績と技術を使って腕時計型のウェアラブル・コンピューターの計画を持っている。この戦略的な対象アプリケーションは健康・医療分野であり、人の健康に関するビッグデータの収集や分析と組み合わせて高度な健康医療情報サービスを展開しようとしている。この企画についてスポーツ用品の世界的メーカーであるナイキもすでにモバイルの製品を発売して市場を狙い、スポーツや睡眠のモニターシステムに関連した多くのベンチャー企業が市場参入をしている。

人間系の自己実現と感覚性の追求

経済社会はグローバル化、情報化の進展によってあらゆる事象が多様化の方向にある。先進国において汎用的な生活用品は、飽和市場となり物質的欲求に満たされた人々は、モノの所有から豊かな経験の欲求や知的向上意欲と嗜好の追及や娯楽の享受を求めるようになっている。A.トフラー［1999］は、人々の経験や欲求を満足させる産業として、一般的なサービス産業の①旅行サービス、芸術品の提供、②娯楽・レジャー産業、③グルメ産業、④各種知的教育事業、⑤近年のマルチメディア産業における映画・音楽・書籍などのコンテンツなど、インターネットを通じて配信される同一インフラのコンテンツ・サービスを指している。また消費者の心理的特異性や感覚性をつくり出す経験産業は、その『経験』価値を組み込んだ製品として、健康器具、家庭内の什器備

品やサニタリー製品なども含まれると指摘している。

　B・J・パインⅡとJ・H・ギルモア［2013］が唱えた経験経済とは、米国を中心として先進国では経済発展の段階が、具体的な商品・サービスの経済から、感動や喜びなどの体験を求める、『経験』経済の段階に入ったとしている。これは、コモディティ化が経済市場全般に浸透してきたという認識のもとで『経験』を利用した、脱コモディティ化戦略の策定をすべきであると指摘している。

　『経験』経済と『経験』産業の比較は歴史的に見れば、経験産業から経験経済へと時代が進み、経済市場の背景は、夢（勃興）、円熟（成長）から、成熟（飽和）・サービスの多様性へと推移している。マーケティングの視点から経験論の特徴は、成熟（飽和）や多様化の中で、消費者の心理的な情緒や感性に根付いた経験に基づくものである。また想定する『経験』や既経験者の情報について内容の範囲や入手先を拡大することは、購買動機に影響を与えると考えられる。マーケティング戦略において付加価値戦略が有効だとすれば、そのほとんどの源泉は、自らの『経験』と不特定多数の消費者の経験情報であり、それはインターネットによるコミュニケーションから得られるものである。

　この『経験』価値に関する情報をもとに新規事業の機会を見つけ、新製品やサービスを創出することは簡単ではない。日常から意識的に市場動向に目を向け、ステークホルダーとの協働化と経験価値を見つけて行く組織学習や色々な情報に関心をもつことが重要である。市場・消費者には、基本的な自己実現欲求として多くのアプローチがあり、企業側はそれを源泉とする芸術、文化、歴史、教育、医療・健康、娯楽の分野に目を向け、さらに感性的な心の世界と家族や仲間との生活様式やコミュニティの活動に注目することである。新事業創造や新しいマーケティングは、経験価値と自己実現欲求の組み合わせや融合によって価値創造の挑戦をすすめていくことである。

新しいビジネス・モデルの創造はワークショップとコミュニケーション

　市場はグローバル化と情報化によって飽和化が進み、消費者行動も

「個」化するなど多様化に大きく変化し、企業では商品・サービスのライフサイクルの短命化が進み、競争戦略と成長戦略の新しい事業創造に喘いでいる。マーケティングの事業構造は、プロダクト・アウト型から市場・消費者主導のマーケット・イン型に移り、さらに市場本位となり市場や消費者の力を借りて共創的なワークショップ型の課題解決や商品・サービスの価値創造に移りつつある。経営戦略の策定と実行の評価分析は、短サイクルのPDCA方式に変えていかなければならない。市場・消費者の多様化の課題は、コミュニケーションと「個」の要件対応にとってワークショップ型の手法が必要となってきているからである。こうした環境下におけるビジネス・モデル創造やマーケティング手法について理解と考察が必要である。

　基本的なビジネス・モデルはインターネットを介した共創的で創発的なワークショップ型マーケティングモデルであり、その手法はモバイルなどのインフラとのコミュニケーション機能を活用することである。そして企業側の人と組織の要件は、現場への権限委譲と社員力を重視した創造的自律型組織である。

　ワークショップ型マーケティングとは主体企業とそのステークホルダーや市場・消費者との関係性において、双方が情報とコミュニケーションによる相互交流と協働的な立場に立ち、課題に対して創発的なやり取りによってソリューションの合意に到達することである。このやり取りの中心的役割がITのSNS、ビッグデータやモバイルである。従来の伝統的なマーケティング手法は市場のセグメント化、標的市場の設定、商品・サービスの適合に関する個別戦略策定であるが、インターネット・マーケティングは一般的に不特定多数の提供者と消費者のコミュニケーションによる取引に有効である。また特長的なマーケティングは、消費者の個体差に応え、商品の専門性や希少性に対応するロングテール・マーケティングに威力を発揮し、インターネット上のバーチャルカタログの中から「個」のソリューションを見つけていくやり方も可能である。消費者の細かい要求と符号合わせをしていく過程にインターネットが介在するのであり、言い換えれば市場のパイを重視するより

尖った商品の特異性、要求の強さ、リピートの視点から信頼の関係性を構築することである。

インターネット・マーケティングの進化

インターネット・マーケティングは市場消費者の個体差やリアルタイム性のニーズとSNS、モバイル、クラウドコンピューティングのシーズがマーケティング活動を変えている。その活動や手法がインターネット上で行われることからWebマーケティングとも呼ばれ、具体的には、自社のホームページと業界専用のWebサイトやECサイトがあり、そのWebサイトを通じてユーザーに対し、広報宣伝活動や取引業務を行い、そこにより多くのユーザーの集客を狙うことである。またインターネット上の集約化はアンケート調査活動、獲得した顧客に対して成約の確認や新製品やサービスの拡充案内などの送付、そして物流・配送や代金決済業務の代行処理業務がある。さらに自社ブログや商品ブログなどを立ち上げて、そこで商品の告知の情報拡散と商品の改善点やクレームに関する意見を集め、双方向的なコミュニケーションを取ること、などが挙げられる。

特に経験情報の影響が大きいホテル・観光、グルメ・飲食のサービス業や書籍・音楽・映画のエンターテイメント業界では直接取引に結びつく定型的情報の提供機能だけでなく、購買動機を促す、仲間やコミュニティの仕掛けと仕組みの対話機能が大切である。また商品・サービスの機能だけではなく消費者の「楽しむ」や「感動」する「こと」と結合してモノと人間の深層心理の両面に訴求するマーケティング・ストーリーによって誘導をしている。それは消費者にとって提供者側の信頼関係や顔の見える化のためにコミュニケーションや映像、仲間やコミュニティの行動や対話の支援機能が提供されている。

また経済社会の変化に適応して産業構造が大きく変わり、それは小の知識が大を飲み、異業種が伝統的な業界の覇権を握ることさえ可能な新しい社会が到来しようとしている。石井［2010］らは、インターネット社会のマーケティングが取引コストや顧客関係性の視点から、インター

ネット・マーケティングはコミュニケーションとイノベーションがキーであると指摘する。

　それはアイディアや仕組みが自由に議論できる組織風土の上に、企業内外とのコミュニケーションを通じて色々な情報を獲得し、イノベーションの創発によって有形・無形の新しい商品・サービスとプロセスの創造をすすめることである。その中核的な役割はインターネットであり、インフラとしてのモバイル、行動属性のビッグデータ、情報拡散のソーシャルといえるだろう。

参考文献

今井賢一編著［2002］『情報技術と経済文化』NTT 出版。
湯浅忠［2004］「インターネットマーケティングと IT マネジメント」『工業経営研究』第 18 巻。
嶋口充輝・石井淳蔵［1999］『現代マーケティング（新版）』有斐閣。
アルビン・トフラー（Alvin Toffler）著、徳山二郎訳［1999］『パワーシフト——21 世紀へと変容する知識と富と暴力』フジテレビ出版。
B・J・パインⅡ（B. Joseph PineⅡ）、J・H・ギルモア（James H.Gilmore）著、岡本慶一・小高尚子訳［2013］『［新訳］経験経済——脱コモディティ化のマーケティング戦略』ダイヤモンド社。
石井淳蔵・渥美尚武［2010］『インターネット社会のマーケティング』有斐閣。

第7章

法則1　経営者のリーダーシップ

> **キーワード**
> 経営とIT、リーダーシップ、IQ型とEQ型、感動

1　経営とIT活用のリーダーシップ

企業経営とリーダーシップ

「関西IT百撰」の顕彰企業から学んだ教訓は、企業の改革・改善にはビジネス・イノベーションが課題であり、そしてその実践には三つの法則として、経営層のリーダーシップ、戦略的IT活用、そして社員力が必須的な条件であると明らかにされている。経営改革・改善の意義そのものが経営品質であり、それは製品やサービスの品質だけでなく、顧客の求める価値を創出し、市場での競争力を維持していく「経営自体の仕組みの良さ」である。グローバル化やインターネット社会では、従来の経営パラダイムが変わり、企業が市場・消費者主導のもとにおかれ、外部環境への適応と社会共生や企業ブランドの確立に努めていく必要性がある。

　リーダーシップは自己の理念や価値観に基づいて、魅力ある目標を設定し、またその実現体制を構築するために、人々の意欲や能力を維持・増長させながら、経営課題や障害を解決する行動である。企業には存在意義や使命を普遍的な形で表した経営理念があり、それは、行動規範的で経営の成功のために根本的な方針や経営姿勢を示す形で表現されてい

る。一般的には、社会、顧客・取引先、および社員に関連する内容が設定されているものが多い。価値観は、企業の長期的成長の源泉として感化され継承されていくべき視点と、個人が抱くライフスタイルや生き様を反映した視点の両面から、相互理解がされてお互いの行動と協働化が行いやすい共有化可能なものでなければならない。企業は理念や価値観の下で、企業の持続的成長のために競争優位を確立する経営戦略や経営課題の改革・改善を実行していくことである。

　しかし論理的に考えられる画期的な経営改革を実行に移すことは非常に難しい。具体的な施策として人や組織の再編成と報酬制度の見直しが多いが、うまくいった企業事例は少ない。その背景に人や組織の変革には、人事の再配置や異動がつきものであり、改革に対する大枠の理解は得られるものの、慣れ親しんできた行動様式や考え方を捨てることは難しく、やがて身近な自分の問題として生活、転勤、職種変換などが不安となる。経営改革・改善にはリーダーシップが必要であり、不安を持つ従業員には心情的なコミュニケーションによる説得など、粘り強い働きかけが大切である。

企業経営とIT活用

　企業経営とIT活用は、企業経営のマネジメントや経営資源の合理性・効率性の視点から、新しいビジネス創造のニーズとITの技術革新によるシーズが互いに改革・改善をすすめてきた。その変遷過程は、企業経営の生産システムが工業化社会を発展させ、マネジメントシステムによって成長に貢献した。さらにIT活用はあらゆる経済体や「個」体のコミュニケーションや情報拡散の道具として活用する経済社会を作り上げている。米国の工業化社会の進展は、労働人口の需要に伴い異民族や異文化の組織における生産システムが、経営の合理性・効率性に貢献し、全産業において今日の経営システムの基盤を作り上げた。現在、グローバル化とSNS化が進む経済社会では、あらゆる経済体と個人のコミュニケーションが可能になり、意見や主張の強さは多様性と拡散化現象を起こしている。このような背景に対してリーダーシップは、企業の理

念、経営ビジョンそして価値観を一元化するために重要な役割を占めるようになっている。

　経済成長期の経営戦略は外部の環境分析や企業内部の経営資源と業績の評価分析によって経営資源の配分と事業の多角化に取り組んできた。市場の飽和化に伴って成長が鈍化してくると企業では、俊敏な意思決定や部門を超えた連携、また生産・開発サイクルの短縮化や業務スピードの向上など、様々な場面で多様な対応が求められている。こうした対応のツールがITの戦略的活用であり、外部とのコミュニケーション機能、企業内部のビジネス・プロセスや業務プロセスの改革・改善である。さらに改革・改善には、業務の再設計にとって業務知識とノウハウやスキルが必要とされ、IT活用にはIT動向やシステム設計の能力が重要となっている。

　企業のビジネス・プロセス改革では企業経営の業務側において、業務プロセスの合理性と効率化を目的とし、それを支えるIT資源側では、パッケージソフト、運営の外部委託のアウトソーシング、クラウドコンピューティング活用などが検討されている。ここでよく経験する課題は、業務要件に基づく業務設計と情報処理システム機能のシステム設計がうまく噛み合わず、業務プロセスが機能しないなどの問題が発生している。リーダーはこうした課題の早期発見や対応のために業務設計とシステム設計の調整や合意の支援をし、必要に応じて知識やノウハウを持つ支援部隊を投入していくことである。またIT活用を進めるには、情報提供サービスを強化し、さらにユーザー自身が生データを自在に編集・加工する仕組みや支援をすることである。

　経営者は、企業内外の様々な課題を情報の収集と活用によって発見し、合理的・効率的に解決できるIT資源や活用能力を高めることである。また経営者にとってIT活用は経営者自身の仕事として認識を持つことであり、「ITは良くわからないから任せている」と言う経営者に出くわすが、IT活用は経営そのものなのである。さらにグローバル化とSNS化によって産業構造や企業環境が大きく変わってきており、経営者はIT活用によって競争要因や市場変化に対応し、自社の商品・サー

ビスの顧客価値創造やマーケティング手法のビジネス・イノベーションに取り組んでいかなければならない。

2 リーダーシップの意義とそのあり方

リーダーシップの意義と要素・技能

　リーダーシップとは、リーダーが定型的な業務や目標課題においてその組織に属する人たちへ与える影響力である。さらにSNS時代に期待される変革型リーダーシップは、不透明な状況下で戦略策定や人・組織の編成に加えて、企業の文化や体質の変革を進め、その行動力として、多様化、総合化、統合化の要件に対応していかなければならない。リーダーの特性は、人への動機づけと組織を動かすために、従来型に比較して業務活動や行動範囲が広く、コミュニケーションを重視したマネジメント能力と人間的情緒性など広い範囲の能力を備えていることである。リーダーシップに関して基本要素、機能と技能、成功する人物の特徴について、いくつかの先行研究が発表されている。

　第一に、リーダーシップの基本要素についてウォーレン・ベニス［1989/1994］は、リーダーシップの基本要素を6項目として、①経営ビジョンへの牽引、②情熱、③高潔さ、④信頼、⑤好奇心、⑥大胆さをあげている。人間が牽引する力は、欧米各国と日本の企業において共通している点が多い。その理由は、基本要素が総合的な人間力を発揮するものであり、論理性と感覚性のバランスによるマネジメントであるからである。高潔さは自己認識、率直さ、成熟度などの要因から構成され、人間行動の謙虚さ、人の話を聞く、大人の判断や振る舞いをする姿勢に相通ずるものがある。また信頼の要素は、上位者と下位層の垂直・水平方向の関係のみならず、取引先の関係においても非常に大きな比重を占めており、古今東西共通的なものであることを示唆している。

　第二に、リーダーシップの技能についてバート・ナナス［1989］は、リーダーシップを発揮するための七つの技能を列挙している。七つの技

能とは、①先見力、②卓越した変革力、③組織のデザイン力、④先行学習、⑤率先力、⑥相互依存性を維持・確保する力、⑦ハイレベルの高潔さをあげている。先見力とは、行動を起こす前に将来を見通す力のことである。卓越した変革力とは、外部環境に適応していくために企業内部の改革・改善を実践することである。それに伴って経営課題やその実践に関する組織学習や組織能力が重要である。また率先力、協調性、高潔さは、個人・組織・企業全体のコミュニケーションを強め、信頼関係を構築し、協働と協調関係を強化していくことであるとしている。

　第三に、人物像について、スティーヴン・コヴィー［1990］が七つの行動特性をあげている。それは、①前向き志向、②最終状況までのシナリオが描ける、③緊急性・重要度による優先順位を策定し、それにもとづいて実行する、④課題や解決を共有して関係者全員の有益性を考慮して協調と協働を行う、⑤相手に理解を求める以前に相手を理解するように努める、⑥創造性に富み進取の気性による取り組みは相乗効果を生み出す、⑦改革・改善に向けて学習の姿勢などを続けることとしている。リーダーは、原則を守ることが基本であるとし、その上に、まず人間的・情緒的な視点から奉仕の精神と人の信頼をあげ、続いて感情の豊かさや対人関係について肉体面、知的面、情緒面、精神面などの要件を指摘している。さらにもっと感性的な情緒面に焦点をあて、おおらかさ、ユーモアのセンス、温故知新の関心と大切さ、度量や器量の大きさなどを指摘している知見も見受けられる。

望ましいリーダーシップのあり方

　企業は、創業期から次第にシステムとしての機能や業務フローを確立し、成長期、成熟期に入っていく。やがて大企業病が静かにじわじわ蔓延し、従業員の多くは、外部環境の変化に鈍感になり、企業変革や問題意識から遠ざかる。経営者は、染み着いた企業体質と業界の地位や過去の成功に縛られ、社内の調和と自己の保身に労を費やすようになる。しかし歴史は、いつの時代においても経営の危機に対して果敢に挑戦をした教訓を教えている。

日本の社会事情や文化に詳しいアメリカを代表するリベラル派の国際政治学者、ジョセフ・ナイ（Joseph Nye）［2009］は、企業や組織の危機感に対する演出の必要性について次の指摘をしている。改革は早急に事態だけを収拾すれば、機運の熟さない恐れがあり、本質的な意義は危機の中でこそ「啓蒙の瞬間」が訪れ、意識改革の危機感が生まれる。改革の形態は、状況や発現の現象によって異なるが、一般的には危機意識の欠如によることが多く、社会や外部環境のスピードについていけない意識改革の未熟さによるところが大きい。一部の人や組織で論理的な理解がなされても、守旧的な抵抗力に押されて組織全体の意識改革をすることはなかなか難しい課題であると指摘している。

　彼は、望ましいリーダーシップのあり方について三つのパワーの視点から能力と行動に関する特徴を指摘している。第一のソフト・パワーは、能力として社会的知性、コミュニケーション能力、ビジョンを挙げ、それぞれの能力による行動の主な特徴は人間関係の円滑化や説得力などである。第二にハード・パワーは、組織運営能力や戦略策定の策略家的な能力であり、それは情報活用や組織部門間の調整力であり、優位に展開していくコミュニケーション能力と交渉術をあげている。第三にスマート・パワーがあり、二つの視点を融合した状況判断力であり、経済社会の潮流や市場の動きに適応して企業内部の経営資源や戦略の修正や追加の施策に取り組むことであり、その進捗状況に応じて強化すべき組織や組織能力の対応を取ることを指摘している。

　リーダーシップは、さらに外部環境への適応のために迅速な経営資源の修正・変更などの策定や環境づくりと取引先などに対しても協調的なマネジメントをすることである。リーダーシップによる行動の特徴は、人と組織を意図的に整列化させて行動を活性化させる働きであり、さらに業務活動を効率的にすすめるために論理的な方法と感覚的な手法を混在させて、コミュニケーションを有効的に行うことである。リーダーシップは、組織の階層レベルに応じて、長期的あるいは短期的な視点に立ち、各機能の適合性を図る必要がある。それは外部環境の時流の流れを洞察するとともにその潮流に乗り、企業独自の経営資源の状況に応じ

て改革・改善を進めるために、人を得て、人材を育てて組織を動かすことである。

　グローバル化による海外進出には、異文化経営といわれる民族、宗教、社会、文化の違いを超えて経営に当たる多くの局面があり、リーダーは内面的に人間共通の人間の心を掴み、外面的には企業活動のあるべき姿の主張と現地・現場の理解に努めることである。日本の伝統的なリーダーシップは、歴史や古典から教訓を学ぶことであり、また経営改革・改善を推し進める大局的な着眼から小局的に着手する方法論は、世界の模範として通用するはずである。また古今東西を問わず普遍的にいえることは、リーダーとは人間の心を掴み、人を動かすことであり、論理的な状況判断力と感覚的な人間的情緒性の両輪をバランスさせていくことが重要といえるだろう。

3　コミュニケーションはEQへ、そして感動へ

コミュニケーションとEQ

　コミュニケーションの定義は、情報の伝達と意味の共有であり、個人が他人に情報を伝達し、その情報が他人に理解されてはじめてコミュニケーションが成立するものである。最近の心理学的な解釈は、コミュニケーションによって、受け取られ、伝えられる情報の種類は、感情、意思、思考、知識、など様々である。受け取るまたは伝えるための媒体は、データ・情報のほかに言葉、表情、ジェスチャー、鳴き声、などと言われている。人間の媒体の特長には身体の動作や表情など動物と共通の媒体に加えて言語とデータ・情報がある、という点である。コミュニケーションは、その相互作用の結果として、ある種の等質性や共通性をもたらすことも少なくない。人間の場合は特に、他者に対して自分の心の状態を伝えることで働きかけるだけでなく、他者から受け取った情報によって、相手の心の状態を読み取ったり共感したりすることができる。

　改革・改善の「場」と人や組織の活性化に関してダニエル・ゴールマ

ン［2009］は、経営学の心理学的側面から EQ（Emotional Quotient）の概念を唱え、「心の知能指数」とか「感情調整能力」と呼び、従来の論理性を中心とした IQ（Intelligence Quotient）とは質の異なる人間の心理的な能力の特性を主張している。EQ の概念は、心の知能指数として五つの特性、①自分の本当の気持ちを自覚し、尊重することによって心から納得できる決断を下す能力、②衝動を自制して不安や怒りのようなストレスのもとになる感情を制御する能力、③目標の追求に関して挫折した時も楽観的な部分を捨てず、自分自身を励ます能力、④他人の気持ちを感じ取る共感能力、⑤集団の中で調和を保ち、協力し合う社会的能力である、としている。日本の社会では、和魂洋才として呼ばれ、精神的な感情性と論理的な思考性の特徴が共存しており、コミュニケーションは伝達機能から思いやり、自省、協力、調和を重んずる価値機能といえる。世界の動向は心の知性に注目し始めており、日本の経営品質やおもてなしの接客手法は、ビジネスの成功を支える要因として優位性をもつ文化的・伝統的な特性といえる。

　業務活動において EQ は、チームワーク、率直なコミュニケーション、協力・互助の姿勢、相手の話をよく聞く態度、自分の考えに相手の同意を求める姿勢など社会的知性の基本的な行動である。従来、伝統的な欧米の業務運用方式は、組織の指示系統に従う上意下達の方式であり、その背景には共同体的な意識や同情的で互助的な精神は、目標達成の競争心を失うという考え方に立っていたからである。リーダー達は業務活動の使命とその業務記述書に従うという前提に立ち、部下たちの気持ちを感じ取るという発想を否定し、情緒的な要因の排除が冷静で競争的な判断ができるとされてきた。

EQ を備えたリーダーと感動の共有へ

　EQ を備えたリーダーによる企業の革命的な変化を遂げた成功事例が数多く報告され、ハーバード・ビジネス・スクールなどにおいて情緒的な側面による要因が認識されてきている。従来の管理職は、部下を巧みに操縦し、業務目標に突き進んでいくタイプが評価され、ピラミッド型

の組織構造によるマネジメントスタイルが長きに亘って運用されてきた。しかし1990年代の前半からグローバル化と情報化社会によって組織構造は、フラット型構造に変わり、変革を進めるリーダーの行動は、管理・統制型から率先垂範型に変わってきた。企業を牽引するのは、人間関係を賢く処理する能力を備えたリーダーであり、率先垂範と変革にとってEQ型の人材要件を求めるようになった。感情的な怒りは、組織や個人に心理的動揺とモチベーションの動機づけにとって悪影響を及ぼし、業務活動のシステム思考、組織学習などの意欲や判断能力を低下させる要因とみなされている。リーダーシップは、組織や部下を管理する技術や統制ではなく、共通の目標に向かって力を発揮できるようにする手法と環境づくりだといえる。

　EQがビジネスの世界で注目され始めた背景は、改革・改善の「場」が大きく変化し始めているからである。情報化社会では、個人の自己主張や価値観の多様性とこだわりが強くなり、ワークスタイルや就労の雇用関係に大きな変化が起きている。労働市場の雇用の点では、国際化に伴って従来の暗黙的な依存関係から緊張した契約関係に変わっており、外国人の人材や特異なスキルの要請があり、一方国内においてもワーク・ライフバランスなどの生き方や生活様式の変化が見られ、多様な雇用や就業の形態に対応しなければならない状況である。このような背景から職場のコミュニケーションは、益々重要性を増しており、リーダーは、苦情を有益な意見として受け止めて相互理解のために気持ちを察することを優先し、モチベーションや動機づけをすることである。また人材や雇用形態の多様性による対立や摩擦の事象は、否定的に捉えるのではなく前向きに多面的な考え方として採り入れをする心構えも必要である。

　組織の雰囲気に影響するEQは、組織IQを高める可逆的な要因ともなり、グループの仕事や学習にとって、言語能力、創造性、共感能力、技術力など様々な能力の源泉となりうる。さらにSNS化の社会では、社員同士やコミュニティのブログやフェイスブックなどが、企業が発信するメッセージの拡散や情報共有化のコミュニケーション・ツールとして普及している状況にある。インターネット・ビジネスなどにおいて提

供側が添える EQ 的な心のこもった一つの手紙によって、消費者側は本来の本質的な顧客満足に加えて心に残る感動の喜びとなり、ひいては強烈な企業ブランドの形成に役立つなどの事例を聞く。また顧客と接客の接点を持つサービス業ではお客様の振る舞いに応じた瞬間的な対応とおもてなしの精神で当たることである。こうした EQ 型のサービス対応は顧客側の感動だけでなく、サービス側の喜びや感動を誘引することとなる。経営者やリーダーはお客様とサービサーが高い次元の感動と喜びを共有するサービス空間をつくる環境と人材育成を目指していくべきだろう。

参考文献

ウォーレン・ベニス（Warren Bennis）[1989/1994] *On Becoming a Leader,* New York: Addsion Wesley.

バート・ナナス（Burt Nanus）[1989] *The Leader's Edge: The Seven Keys to Leadership in Turbulent World*, New York Comtemporary Books.

スティーヴン・コヴィー（Stephen R. Covey）[1990] *The Seven Hobies of Effective People:Powerful Lessons in Personel Change*, New York Fireside.

ジョセフ・ナイ（Joseph・S・Nye）[2009]「経済教室」日本経済新聞社。

ダニエル・ゴールマン（Daniel Goleman）著、土屋京子訳 [2009]『EQ──こころの知能指数』講談社。

第8章
法則2　ITの戦略的活用

> **キーワード**
> 経営とIT、IT活用のシーズとニーズ、イノベーションの道具

1　経営とIT活用とは

経営とIT活用

　経営とIT活用とは、経営が色々な経営資源を効率的に活用することと全く同義であり、IT資源をうまく活用することである。企業の経営改革・改善は既存の組織や企業間のビジネス・システムや業務プロセスの見直しに基づいて業務設計とシステム設計の再設計を行い、情報システムを再構築することである。ITを活用した業務プロセスの再設計には、従来の自動化や機械化目的では改革・改善に限界があり、経営とITの両視点から融合的なリエンジニアリングを検討していかなければならない。また抜本的な改革の一つである人事報酬制度は、従来の姿勢や能力重視の視点から結果重視の考え方に変更し、そして顧客満足度のような管理指標についても業務プロセス単位でその評価をすべきであるとの議論がされた。日本の多くの人事評価システムは、業績結果だけでなく、多面的な潜在的能力として、スキルの学習意欲や姿勢を評価して、報酬や昇進・昇格に繋げている。このように日本的な経営システムは二進法的ではなくグレーな部分が多い特徴があり、それは欧米に比べてIT活用の普及が難しい、あるいは遅れている背景と言われている。

リエンジニアリングとは、革新的でより効率的な業務プロセスの再設計によって、従来と異なる仕事のやり方をすることである。業務活動において人・組織の職務規定、業務フロー、管理機能などの見直しによるイノベーションと再設計が必要であり、それを支援する機能が IT 活用であるといえる。それは既存の業務プロセスを機械化によってスピードアップ化をするのではなく、人と業務との噛み合いや他部門や取引先等との連携と利害について合意形成による再設計を行い、情報システムの再構築をすることである。

　インターネットの普及は従来の経済原理を変容させており、改革・改善には現状の事業構造を分解して事業価値や組み合わせを見直し、業務プロセスの再設計や情報システムの再構築を考えなくてはならない。その基本的な視点は顧客目線や全体最適化であり、マネジメント手法を従来の管理型から自律型に変え、現場層で柔軟な状況対応ができる仕組みを作る事である。またインターネットの特性は、情報交換のコストを劇的に削減させ、情報の共有化や情報拡散を広範囲化にし、さらにリアルタイムでの双方向コミュニケーションを可能にしていることは周知の通りである。経営改革・改善のニーズと IT のシーズからいえることは、企業経営の経済原理の変化によるパラダイムチェンジに対して戦略的な IT 活用をしていくことであるといえる。さらに産業構造の変化やスピード化に適応していく、競争戦略やマーケティング戦略の視点から経営資源の創造や修正を行う組織能力と実践能力の社員力が要求される。

改革・改善のアプローチ

　市場の変化と競争環境の激化要因は、経済のグローバル化、あらゆる分野の技術革新やとりわけ IT の進化による情報拡散が消費者行動の多様な変化をもたらしている。

　ゲイリー・ハメル［2008］は、企業経営の背景として変化の速さ、束の間で消える優位、既存の技術を駆逐する画期的技術の発現、従来のビジネス秩序を破壊する競争相手、細分化される市場、絶大な力を持つ顧客があり、その結果事業戦略や商品・サービスの短命化が進み、もは

や従来型の経営システムは限界にあることの認識をすべきだと指摘している。また持続的成長には、商品・サービスの開発、機能や組織の再編成、新しい市場の開発に加えて、企業内の業務プロセスだけでなく、流通チャネルやロジスティックスの改革と併せて一連のビジネスプロセス・イノベーションを行う重要性を指摘している。

　経営には全体思考の視点が必要であり、人や組織を経営活動の中心に据え置いて幅広く人文科学、自然科学、社会科学の複眼的な思考と経営要素の複数領域から改革・改善に、情報の特性を生かしたIT活用をすることである。加護野［1988］は、改革は単に戦略や組織を変えるだけでは不十分であると強調しており、戦略やオペレーションを支えている企業文化や人々の意識や能力の変革が不可欠であり、多様な方式を採り入れその長短の特性を活かすことであると指摘している。特に意識改革は、従業員とのコミュニケーションを基本にして、ボトムアップ方式で実施することを進めている。

　ヘンリー・ミンツバーグ［2008］は、マネジメントの視点から対象を企業の内部と外部に区分して経営の基本要素を情報、人、行動の三つとした方法論を説いている。例えば第1に情報の要素について企業内では、コントロールとコミュニケーションの両面から行い、対外的にはコミュニケーションを優先する。第2に、人と行動の要素では、内部的にコントロールを重視してリーダーシップを発揮し、外部的には関係性を重視したコミュニケーションのマネジメント方式を指摘している。また彼の戦略に関する考え方は、組織の中で基本要素の相互接触から進化論的に創発されるとし、企業内外の経営課題を共有して双方が利害の主張や譲歩を調整する、合意形成の手法を主張している。

　さらに日本的経営システムに詳しいジョン・コッター［2007］は、改革の展開には、個人や組織の意識改革や企業成熟度を重要視しており、その必要性と意識改革に時間をかけることとしている。また経営者がビジョンや意識改革を訴える指摘は、「聞く耳をもち、話を聞いてもらう」こととしているが、多くの欧米経営方式はスマートな「頭」を優先しているように見受けられる。日本では古くから経営者は「輝く瞳と大きな

耳で聞く」ことと説いているが、「結論を言ってくれ！　会社は儲かるのか？」という結果について性急な答えを求めてくる。大事なことは現在の企業環境の変化に対して経営課題とその危機感について全社の意識改革を高めることである。

2　IT 活用のシーズとニーズ

IT 活用のシーズとニーズの一覧性

　企業経営において IT 活用は経営品質と生産性要素として、業務プロセスを包摂する情報処理システムとマネジメントの情報活用に使われてきた。現在ではビジネス・システムや業務プロセスの経営改革・改善とインターネットによる経済原理の変化の下で新しいビジネス・モデルの価値創造に利活用されている。両者に共通的な IT 活用は、競争優位性や経営品質を高める強力なマネジメントツールと市場・消費者や取引先とのコミュニケーションのインフラとして活用されている。経営者にとって、IT 活用は経営活動そのものであり、自らの仕事として強く認識することである。図表 8-1 は IT 活用のシーズと経営活動の目的別にみた IT 活用のニーズについて整理したものである。

IT 活用の目的

　IT 活用のシーズはモバイルを含むコンピュータ機能、ソフトウェアの情報処理機能、およびインターネットの通信機能があり、さらにメディア・コンテンツなど映像・音声・位置情報やセンサー技術の画期的な技術革新による成果である。その基本的な要素技術は情報処理基盤技術、通信技術そしてソフトウェア技術があり、それが基盤となって飛躍的な進歩を遂げ、さらに社会生活や企業活動のニーズが可逆的に共進性を進めている。とりわけ IT 分野の現在のキーワードは、インフラがモバイルやクラウドコンピューティング、社会生活上の行動データを反映するビッグデータ、コミュニケーションとしてソーシャルが混成した情

図表 8-1　IT のシーズと経営のニーズ

IT 活用のシーズ		IT 活用のニーズ（経営活動の目的と分野）
コンピュータ	コンピュータ機能：処理、保存、制御、入出力	◇ **マネジメント** ・戦略・ビジョン：価値共有と社会共生 ・経営品質：可視化、見える化、迅速な意思決定 ・戦略の機動性（再編成、提携、統合） ・社内・顧客・消費者とのコミュニケーション対応 ・ワークスタイルの変革
	データベース、ビッグ・データ、オープンデータ	
	検索・編集、マッチング機能	
インターネット	通信・コミュニケーション 部門間、企業間、消費者	◇ **効率性追求のビジネスプロセス・イノベーション** ・情報ネットワークによる協働化・調整機能の強化 ・自律化・現場力強化のための支援情報 ・サプライチェーン・マネジメント（SCM） ・関係性マーケティング（CRM） ・ビジネス・業務ルール改善と市場・商品の開発 ・販売推進：メディアミックスやクロスメディア
	モバイル：スマホ、タブレット組み込み	
	通信技術：大容量・スピード	
	SNS：双方向、リアルタイム、保存、広域化	
映像・音声	映像、音声のコンテンツ	◇ **新しい顧客価値創造のイノベーション** ・合併や他業界との融合（金融・流通・サービス） ・IT マーケティング：DB とインターネット活用 ・リーチとリッチネス：ロングテール、マッチング ・市場セグメント細分化による新商品と新市場進出 ・マーケットプレース型とモール型の進化モデル ・消費者目線の新製品開発や新しい事業構造の創造 ・生活様式や感動のことづくりビジネスの創発
	GPS との組み合わせ	
	メディアの多様化	

出所）　筆者作成

報社会を形成している。

　IT 活用の目的は、第一に、業務活動の合理性と効率性を追求するシステム化から始まりビジネスプロセス・イノベーションに至っている。企業内の部門間の業務プロセスに業務処理がシステム化されて、次第に内外の部門間や取引先と商流や物流業務、それに伴う金流業務に拡大され、データ・情報のデータベース化がされた。さらにグローバル化や情報化など経済社会の変化と IT による適用分野の拡大が、販売・生産・流通機能のサプライ・チェーンの概念や消費者・顧客との関係を維持・確保する関係性マーケティングに発展している。現在ではインターネットによるコミュニケーション機能が、企業外部の社会や消費者、そして取引先と対話をはじめ、商流や物流の取引を行い、内部では合理性・効率性の視点からビジネス・プロセスを繋ぎ、業務判断や意思決定のための情報支援をするなどビジネスプロセス・イノベーションを進めている。

　第二に、インターネット社会の新しい顧客価値創造としてマーケティ

ング・イノベーションがある。市場は飽和化が進み、商品・サービスの主導権は市場に移っており、一つは、従来のマーケティングにおいてデータベースの分析による標的市場の細分化や標的の設定、そして流通チャネルの見直しがあり、経営資源の配分や人と組織の再編・再配置がある。もう一つはインターネット活用による新しい顧客価値創造のマーケティングの仕組み作りである。それは、電子空間上でのマッチング機能による買い物弱者層への利便性や超希少性の商品・サービスのロングテールマーケティングである。それは要求者のこだわりと稀有な商品の専門的知識・技能を結びつけるマッチングであり、特にアートの分野や専門職のサービス業務に見受けられる。また新商品・サービスの開発はメーカー単独ではなく消費者目線から消費者自身やビジネス・パートナーとの協働化によって新しい商品や事業モデルが創造されている。さらに金融、流通、サービス業界などの業界では、業務提携からM＆A（吸収合併）まで資本と資源の運営において色々な形態がとられている。

　インターネット活用による販売形態は、さまざまであり消費者のウオンツをマッチングさせるマーケット・プレース型とネット空間上に、オンライン店舗を開設して販売するモール型がある。後者のタイプは、受注など商流や金流の共通機能を共有化し、企業側の合理性・効率性の追求と集客や信頼感を獲得して販売促進を図っている。このような取引形態はコンピュータ、インターネット、パソコンやモバイル端末のIT活用に支えられている。さらに一方向性の販売形態だけでなく、循環的な静脈型取引として、中古品や不用品について企業間や消費者同士による交換売買の兆しがみられる。

　第三に、企業の仕組みや経営品質のマネジメントの向上がある。経済社会はグローバル化、技術革新、消費者行動の多様化、産業構造などの変化があり、競争環境がSNS化に伴って大きく変化している。企業経営では、変化とスピード化が進んでおり、業績指標に対する計画・実績・状況の可視化や見える化によって迅速な意思決定をしなければならない。また社員がモラルやモチベーションを維持するためにワークライフバランスやワークスタイルの変化に応え、市場とのコミュニケーション

を深めるために IT 活用を進めていかなければならない。

3　行政や経済団体の指摘

行政機関の指摘

　総務省は、これからの企業の成長と IT 活用について『平成 21 年版情報通信白書』の中で次のような指針を発信している。企業変革にとって IT 活用は必須であり、その関連性は、情報処理機能と情報の共有や伝達の迅速化によって一次的な効果が発現し、さらに人や組織の中で情報と知識が融合されて知力性、組織能力、社会性などの二次的な効果を生むことと指摘している。

　IT 活用の一次的な効果は、業務プロセスにおいて経営資源の負荷やムリ・ムダを削減することから財務改善に直接結び付き、また業務処理における経験の累積が習熟度や生産性の向上につながる。また二次的な効果は、経営者のリーダーシップと意識改革のコミュニケーションにデータや情報の活用を進めることである。すなわち IT 活用は、業務活動の合理性・効率性に関する視点から企業間や部門間のビジネス・ルールや業務ルールの非合理性を見つけ、リエンジニアリングの要件に沿って業務設計とシステム設計を再設計することである。業務プロセスの改革・改善は多くのステークホルダーとつながりを持っており、その再設計は影響の大きいビジネスプロセス・イノベーションとして、十分な摺り合わせや合意形成が大切である。

　また IT 活用は、業務運用においてコミュニケーションと情報共有を可能にし、次工程の業務プロセスに対して段取り作業の調整や変更に有用な判断材料を与える。製造業では、仕入先、販売・流通チャネル、下請け企業や協力企業との連携関係が多く、企業間の価値連鎖は、業務プロセスのよどみない流れとモノの過不足に関して計画のムリや在庫のムダと一元的な流れの効率性によって財務改善に結びつく。さらに一連の業務連鎖は、業務活動の標準化やシステム化に生かされ、ソフトウェア

やデータ・情報の資源の強化に結び付いている。特に情報活用は、企業内の情報共有や意識改革だけでなく、知力性を培い、市場や消費者への社会性を強めていく。IT活用は合理性や効率性の追求だけでなく、連鎖的な二次、三次効果として情報活用とコミュニケーションを通して意識改革と人や組織の組織能力の強化のために活用すべきである。

経済同友会の指摘

2009年（社）経済同友会は、「新日本流経営の創造」を課題とした調査を行っている。各企業への多くの質問項目の中で、「21世紀の日本企業のあるべき姿を実現するために必要な要素」に関する選択項目の問いがあり、その結果は次のような報告がされている。

実現すべき要素として上位七つの順位は、①現場におけるビジネスプロセス・イノベーション、②優れた擦り合わせ技術による現場の協働によって品質へのこだわりを維持する、③徹底した生産性や効率性の追求、④技術力を活かした少子高齢化市場への取り組み、⑤官依存の護送船団方式から決別し、自主的な運営、⑥経営資源獲得競争への対応、⑦ベンチャービジネスなど新規事業創造の立ち上げの推進である。また企業側の課題認識は、イノベーションの促進として商品・サービスとビジネス・プロセスの差別化を重視し、現場の組織能力の強化が必要であるとしている。さらに全社的な企業の改革には、経営者から現場層まで企業環境の危機感や意識改革の徹底をあげている。

経営者がリーダーシップを発揮して改革・改善と革新的な新事業創造を進める方法は中間層や現場層が一体となって自律的で斬新的な実践から始め、階層や改革の大小にこだわらず取り組むことである。革新的な改革の典型例は、新規事業分野への進出、M&Aの実施あるいは不採算事業の売却・撤退など、戦略や組織の再設計による大規模な経営改革である。また斬新的な改革・改善は、個人の目標設定による自律的な自己実現や組織やチームとして各々の日常活動における課題を発見し、組織学習によって継続した改善を積み上げていくこととしている。

当経済同友会は、2013年「イノベーションへの挑戦」を中心的なテーマとして捉え、二つの視点から推進をすることを指摘している。それは第一にITとサービス機能のシーズを認識することであり、第二に社会と経営環境のニーズからイノベーションの推進と積極的なIT活用の適用分野を指摘している。ITとサービス機能のシーズはクラウドコンピューティング、ビッグデータ、モバイル、ソーシャルであり、対する社会と経営環境のニーズとは少子高齢化、市場のグローバル化、働く女性の増加、コミュニティの多様化、スマホ／タブレットとSNSやフリーアプリケーションの普及と活用、ビジネス・プロセスの改革・改善である。こうした背景にはワークスタイルの変化と消費者行動や生活様式の変化があり、対応するビジネス・イノベーションは、IT活用によるコミュニケーションと新しい環境づくりを進め、さらに新サービスや新しいビジネス・モデルの創造をすることであるとしている。

4　企業のIT活用の取組状況と課題

JUASの調査報告書

一般社団法人日本情報システムユーザー協会（JUAS）は、企業活動におけるITの高度利用（経営革新を含む）に関する調査・研究、普及啓発・指導と情報の収集や提供等を行うことにより、IT利活用の促進と我が国の経済の発展に寄与することとしている。その創立はコンピュータ導入の黎明期の1962年からであり、現在の賛助企業数は主に大企業でおよそ2500社に上っている。94年度以来、企業IT動向調査が実施されており、アンケート調査の定点観測と重点テーマ及びインタビュー調査を毎年行い、調査分析と経年変化について報告書を出している。2013年度の重点テーマはIT部門からのビジネス・イノベーションへの提案であった。

当報告書ではビジネス・イノベーションの取り組みについて、改革別に売上高や取引タイプ別によって報告されている。ビジネス・プロセス

改革は、企業全体で約45％が取り組まれており、売上高の多い企業ほどその比率が高く1兆円超企業では80％が実施している。もう一つのビジネス・モデル改革では、同様に全体平均が約21％であり、その内訳として売上高の高い企業で、およそ30％である。次いでビジネスの取引タイプ別にみると、ビジネス・プロセス改革はB to B、B to Cとも40％強から50％程度の範囲で大きな差はないが、ビジネス・モデル改革でみるとB to Cタイプの企業が平均に比べ約30％と大きな比率を占めている。その対応には、市場・消費者と直接取引をするモバイルユーザーを対象とし、スマホなどのインフラ対応をしている。

　ビジネス・イノベーションを成功させる要因の順位順では、1番目が経営陣とIT部門が経営課題とソリューションに関してコミュニケーションを緊密にすることであり、2番目は、社内の利用部門とIT部門が、現行情報システムの評価や変更要件の要件定義や優先順位について合意することである。3番目は、部門横断や全社最適化の視点から、経営層や全社的管理部門、関連する利用部門、IT部門の三者が経営課題を共通認識し、その解決に合意形成をすることである。またビジネス・プロセス改革や新しいビジネス・モデルの創造には、プロジェクトを運営できる人材の確保、利用部門やIT部門とのコミュニケーションやリーダーシップの重要性が挙げられている。

　ビジネスプロセス・イノベーションの推進要因は、経営者やリーダーが経営資源や業務活動の実態を把握し、全社員と情報の共有化やコミュニケーションを通じて意識改革を徹底する。さらに経営者、利用部門、IT部門は経営課題、情報システムの評価、改善要望に関する定期的な機会を持つことを指摘している。IT活用には、企業が成長を続けていくための経営課題とそのソリューションの明示が前提であり、それは経営者の仕事であり、特に中小企業にとってはリーダーシップが必須要件といえる。

IT活用とその課題

　IT活用には経営者のリーダーシップが必須要件であり、それは経営

とIT活用は一体化したものとして、経営者の役割とリーダーシップ、利用部門の合理性・効率性の追求とその責任、そして情報サービスの提供者、としての三者の役割と合意が重要である。

　第一に経営者の役割は、経営戦略に整合した情報システムの構築について目的やIT投資の有効性の意思決定をすることである。IT活用は、ニーズとして企業環境の変化やスピードと市場や消費者の動向に適応する企業内部の経営資源や運用に関する対応であり、一方、ITのシーズとしてクラウドコンピューティング、モバイル、ビッグデータ、ソーシャルなどとの組み合わせによる導入を考えなくてはいけない。そして経営者がそうした経営改革・改善に積極的に関与していくことである。栗山［2013］は改革・改善に基づく情報システム構築のプロジェクトには、まず経営者視点からその成否の基準を明確にすること、次いでその成功に向けて行うべき支援内容を具体的な行動レベルで明らかにすることだと指摘している。

　第二に、利用部門の役割は、経営課題から業務設計の基本となる業務要件定義の責任を持つことである。経営課題は、全体最適化が求められており、企業内の業務部門間の連携や業務ルールに関して利害の調整を行い、また企業外の取引には、長きに亘って培われた業界や企業間の慣習やビジネス・ルールがある。このような難しい課題は担当者やIT部門に任せるのではなく、リーダーや経営者自らが参画して長期的で経営者の次元から利害の調整や合意形成に向けて支援をしていかなければならない。さらにその情報システムの再構築では、その稼働や運用が定着化するまで、利用部門、経営者、そしてIT部門が評価や改善を加えるなどフォローをしていくことが重要である。

　第三に、IT部門の役割は、経営とIT活用が一体化した新たな認識に立ち、経営者と利用部門の経営課題やソリューションのニーズに素直な耳を傾けることである。そしてニーズに応えるために、ITのシーズとして技術動向、ソフトウェア資源や調達方法および他社の取組状況について情報の収集と準備のスキルを付けておくことである。それは、経営者や利用部門のニーズと外部の情報を把握して、自社固有のソリュー

ションとして社内の関連部門に啓発と情報を発信することである。こうした経営者や利用部門との積極的なコミュニケーションが、ビジネスプロセス・イノベーションや新しい価値創造のマーケティング・イノベーションに繋がり、企業経営に貢献していくことになる。さらに情報資源のソフトウェア資源、データ資源、インフラ資源に関するサービス機能を強化するために、人材の育成が重要である。

　経営と IT 活用は、経営者自らの仕事であることを強く認識すべきであり、さらに IT 投資についても他の経営資源の投入と同義的に考えるべきである。松島［2010］は IT 投資とその効果の視点から、「なぜ」の点としてシステム思考や学習思考、「どうする」の点としてスキルとコミュニケーションや合意思考の能力を培う人材投資を重視すべきであると指摘している。筆者が「関西 IT 百撰企業」の企業訪問において経営者から受けた印象的なことは、①企業環境の認識から方向性を明らかにすること、② IT 活用の目的と従業員の成長や育成の関心が非常に強いこと、③実践過程においてリーダーシップをもって共に歩み、取り組み、成長すると言う姿勢の熱い語り口であった。

参考文献

ゲイリー・ハメル（Gary Hamel）著、有賀裕子訳［2009］「マネジメント 2.0 ── 新時代へ向けた 25 の課題」DIAMOND ハーバード・ビジネス・レビュー 2009 年 4 月号、ダイヤモンド社。
加護野忠男［1988］『企業のパラダイム変革』講談社。
ヘンリー・ミンツバーグ（Henry Mintzberg）著、DIAMOND ハーバード・ビジネス・レビュー編集部編訳［2008］『H. ミンツバーグ経営論』ダイヤモンド社。
ジョン・コッター（John Paul Kotter）著、梅津祐良訳［2007］『企業変革力』（Leading Change）日経 BP 社。
栗山敏［2013］『情報システムを成功に導く経営者の支援行動──失敗する情報システム構築に共通する社長の行動』白桃書房。
松島桂樹［2010］「経営と IT 投資の間に存在するギャップ」根来龍之・経営

情報学会編著『CIOのための情報・経営戦略――ITと経営の融合』中央経済社。

第9章
法則3　社員力の強化

社員力はビジネス・イノベーションの源泉

> **キーワード**
> 組織能力の塊、組織風土、リーダーシップ、IT活用、の共進

1　なぜ社員力強化なのか

社員力とは

　本書の社員力とは組織構成員が持つ、一般的な業務上のスキル、ノウハウ、技能に関する能力と個人属性の論理的な思考性や創造性、感覚的な人間性や人柄、コミュニケーションの能力によるものであると定義している。この定義の背景には、平野［2007］の「企業業績とIT投資の関係は組織IQのレベルを前提条件として相関する」という結論から相似的に導いている。

　彼は、この組織IQについてスタンフォードのヘイム・メンデルソンとマッキンゼーのヨハネス・ジーグラーが提唱した概念を取り入れ、それは高い業績の達成要件が、①意思決定、②コミュニケーションの仕組み、③情報処理能力（業務処理と判断能力）であるとする考え方に基づいている。また個人IQは個人の情報処理能力と資質的な知力、スキル、体力・持久力、徳力・倫理観、意欲、コミュニケーション等の論理的な思考力や解決能力を指している。そして企業の能力は、個人IQと組織IQの積の総和であるとし、戦略策定、スピーディな意思決定、円滑なコミュニケーション、価値共有・情報共有・自律化、業務活動の実

行力など、その性能と能力であるとしている。

　ここで本書の社員力はビジネス・イノベーションを進める構成員の業務上の能力、論理的・感覚的の資質の集積として、また企業の能力はビジネス・イノベーションの計画策定から実行・評価の仕組みと基盤的な組織風土を付け加えている。社員力は、論理的な思考力や解決能力と業務活動の実行のためのコミュニケーション力であり、それは階層に応じて上位に行くほど人間的・感覚的能力の比重が高くなる要件を必要としている。企業の能力は社員力の総和に組織の仕組みや心理的支援が加わって実効的な性能となり、それは市場動向に適応する経営資源の創造や運用の適合があり、またスピーディな意思決定とマネジメントの肝的なコミュニケーションがある。また実践能力は、業務知識、処理スキル、業務判断力と他部門との協調や協働の活動能力が重要である。さらに共通の企業能力には、高い業務目標を実現するモチベーションと自由闊達な組織風土や情報流通によるコミュニケーションが重要な役割を持っている。

　また社員力は、企業内における部門間の連携や情報の共有、利害に関する調整能力であり、社外の関係先に対して同様な協働化姿勢と関係性の維持・確保して行くための多様な対応力である。したがってリーダーシップは適切な業務判断や意思決定の過程にIT活用を進め、デジタルやアナログ属性の情報収集を行い、自由闊達な意見やアイディアの議論ができる組織風土作りと自律的な人材の育成が重要である。

社員力とビジネス・イノベーション

　ビジネス・イノベーションと社員力は相互的な励起状態と補完的な機能を発揮するために密接な関係性を持っている。社員力は、外部環境に適応するビジネス・イノベーションの実現のために経営資源の配分や仕組みに関する現在と未来の要件を洞察し、その戦略策定と実行の能力であり、さらに未来の変化に備える能力ともいえる。

　ビジネス・システムの適合とは、外部環境と企業、内部の経営資源の組織や人との整合性を取り、コミュニケーションを肝的機能として調整

や制御によって機能化させるものである。まず市場と企業のビジネス・システムの適応は市場動向と業界や競合他社の動きに対し、企業内の戦略とマネジメントによって、ビジネス・イノベーションを進めていく必要がある。ビジネス・システムとビジネス・イノベーションの関係性は、相互に強い影響と作用を及ぼし合う表裏一体のもので、経営資源の創造や配分について創造性や論理性に基づく意思決定が重要である。

　ビジネス・イノベーションに基づく情報システムの構築は、業務設計とシステム設計の摺り合わせが前提であり、さらに業務プロセスにおいて他部門や他企業、消費者との適合と整合性の要件がある。そして適合と整合性が確認された業務設計とシステム設計は、業務処理を行う情報処理システムとして構築がなされてその運用に入る。外部との適合を伴う運用では、利害関係者との情報の受発信やコミュニケーション、また市場・消費者との電子空間上で情報を共有する場がある。運用に関する保守・変更は、企業のガバナンスの視点から市場とのコミュニケーションや情報開示について、システムの装備をしていかなければならない。

　競争戦略としてのビジネス・イノベーションは、一つは商品・サービスの競争優位性を築くために、模倣不可能な技能や技術とサービス機能を融合させた商品企画であり、もう一つは買い物弱者層や「個」のユーザーに応える利便性の仕組みである。現場には業務活動や経験を通して生まれた現場力があり、それは商品・サービスの競争力や新しい仕組みや手法の源泉である。これは現場の小さな改善活動の蓄積と創意工夫やチームワークによる学習過程から生まれるもので、大きなビジネス・イノベーションに繋がっていく。それはマーケティング・イノベーションとして新しいビジネス・モデルであり、あるいは消費者本位のビジネスプロセス・イノベーションとして業務プロセスの合理性や効率性と両立させて改革・改善を行うものである。

　ビジネス・イノベーションに関する経営課題は、多様化、全体的な最適化、迅速対応の要件があり、社員力は、その要件に対して創造、修正、追加の策定能力が必要であり、業務面と技術面の摺り合わせについて部門間の協働化や組織学習を行うことである。それを支える社員力

は、論理的な思考力と経験、知識であり、さらに具体的な業務スキル、技術・技能とコミュニケーション能力である。社員力は経営課題のソリューションとビジネス・イノベーションの創発を進め、さらに自律的な経験を通して新たな能力を練磨し、着実なビジネス・システムの進化と成果から持続的な企業成長に貢献する重要な要素といえる。

2　社員力は価値観の共有と組織風土から生まれる

社員力と価値観の共有

　社員力とは、集積された企業能力、あるいは組織能力と同義であり、次の三つの要因から構成されている。第1に、戦略・企画の策定能力と実行力、そしてその原計画を変化に応じて修正と追加をしていく能力である。第2に、社員が持っている源泉的な知識や技能と経験であり、第3が情報・知識を基本とした自由な議論とその流通が自由である組織風土によるものである。社員力は企業の経営理念や業容と業歴によって培われた経験、知識、情報が組織風土として組織や人に粘着している。一方企業環境はグローバル化とスピード化が進み、企業では、働く人の価値観やワークライフバランスの考え方の多様化しており、さらにワークスタイルの変化に伴って新たな社員力が求められている。

　企業は持続的成長とこの多様化対応に、強い社員力として社員のベクトルを整列させるために、企業理念、経営目標などの「価値観の共有」を強くすすめている。リチャード・バレー［2005］は、企業組織としての価値観が、企業風土や人や組織の具体的な行動に浸透し、さらに市場や消費者の受け取る商品・サービスのありかたに影響を及ぼし、結果として企業の盛衰にまで波及するとしている。また企業の持続的成長や社会的に求められる価値観を共有することは、経営者やリーダーの重要な仕事であると指摘している。

　共通の価値観に基づく行動規範や判断規範は、業務プロセスの探索・思考・処理の過程について標準化と整合性を持たせていく必要がある。

計画と実行策定では目標や管理指標を明示し、納得した実行をすることであり、成果基準や評価手法について一元的な尺度にすることである。この成果は模範的な経験例として横展開をすすめ、次々にさざ波となって多くの組織に伝搬させていくことに意義がある。

　価値観の共有は、情報や知識の流通を促し、組織と人に情報・知識・経験を浸透させ、標準化された思考や判断によって多くの人に納得の得られる行動に結びつく。情報にはデジタルとアナログの属性があり、その意味や解釈には一義性と多義性があり、さらに発信側と受信側との間で差異が生じがちであるが、価値観の共有はその差異を少なくする働きをする。また情報は、モノと異なり使用によって摩耗や消失をしないばかりか、接触する人の経験・知識・情報と価値観を共有することによって新たな知識・情報を創り、処理目的だけでなく新しい価値創造の領域にまで機能を及ぼすこととなる。

　さらに価値観の共有と情報・知識の流通は、組織や人が自律的で自主性をもって活動をするプロフェッショナルとしての能力を培う。それは自らの果たすべき役割を遂行できる能力を備えた人材であり、特定の分野において社内だけでなく社外でも通用する専門知識や実務能力を持ち、自ら価値を生み出す戦略や方策を立案する、あるいは実行できる人材といえる。長期的な経営課題の一つは社員力がプロとして認められる深い知識と豊富な経験を持つ人材の育成が要求されている。

社員力は組織風土、学習文化、情報文化から培われる

　社員力は、戦略・計画の策定や実行に伴う課題解決について組織学習からソリューションの実行に繋げていく能力であり、それは企業文化として組織風土であり、学習文化や情報文化によって培われる。企業には、長きにわたって培われた企業文化があり、人や組織の行動は慣習や習性に基づいて、論理的な思考性と感覚的な感情性のバランスの中で行われている。従って社員力は、企業活動の組織風土や学習文化、情報文化の影響を受けている。

　第一に社員力の背景にある組織風土について、日本能率協会「日本企

業の経営課題2009」が行った調査によれば、イノベーションと組織風土は強い相関関係を示している。典型的な守旧型企業と変革型企業の比較が、六つの特性について対極的な視点から調査がされている。守旧型企業では、①過去志向、②形式主義、③数値主義、④他律と責任分散、⑤自己抑制、⑥無関心を挙げ、一方、変革型企業では、①未来志向、②実質主義、③意味主義、④自律と責任感、⑤自由闊達、⑥協働　をそれぞれ対極させ、変革型企業のあり方を導出している。

　特性結果の第1は、過去か未来かの視点で過去への執着は成功体験に捉われ、建前の議論に参加するだけで具体的な実践に結びつかないことが多く、目標設定がされないばかりか進捗状況を省みない。第2に、形式主義と実質主義の違いは、前者は会議や日常の会話で本音の議論がされず、過去の社内資料に頼り、後者の実質主義は、共通認識に至るまで議論を行い、共通理解から前向きな実行計画を立てる。第3に、数値主義と意味主義の相違は、予算や目標について、前者は業績数字のみに終始し、本質的な意義を問う議論がなされていない。従って社員が課題を理解しないまま業務達成の作業がなされるという結果を生んでいる。第4に、他律や責任転嫁と自律や責任感の視点では、前者は上司からの指示を仰ぎ、顔色を伺う指示待ち型となっている。現在求められているのは、主体性と自律性による責任感のある迅速な行動である。第5に、自由闊達な組織風土では、自分の目標や計画の考え方を積極的に発言し、部門内や他部門との協働作業を行う。第6に、協働化の活動スタイルは、部門間の協働作業を支援し、経営課題を学習する環境と発言・発信、情報共有、意見の交換が自由にできる風通しの良い組織風土を作ることである。

　特にビジネス・イノベーションの創発には、社員力を支える組織風土、学習文化、情報文化が基本的な要件であり、第一に組織風土は、本音による実質主義、本質的な意義志向、自律性と責任感、協調を基本とする協働や自由闊達な意見交換が弾む組織体質である。そして全員参加型の組織運用のもとに未来志向と経営ビジョンを明示し、経営改革・改善に挑戦する組織風土と社員力を醸成することである。

第二の学習文化は、自発的な組織学習をすることであり、問題の本質について内省化と概念化を探索し、続いて仮説・創発・試行の段階に進み、感知・創発・実行・評価のサイクルを展開する。社員力は、業務処理に附帯しているデータ・情報の本質を知識・経験から読みとる力でもあり、仮説や試行から実行・評価に展開していく学習文化といえる。それは、コミュニケーションを肝的機能として自由闊達な発言や意見など、情報の流通を促す情報文化を必要とする。

　第三の情報文化は、人や組織が自由なコミュニケーションによって、問題の因果関係を深耕し、ソリューションについて情報活用をするものである。コミュニケーションと情報活用による業務活動は、透明性と写像されたデータ・情報による実態の見える化を進めていく。これが情報文化であり、風通しの良い組織風土に変えていく。

　社員力は、組織風土の上に学習文化と情報文化が補完し合って、組織全体における行動の見える化や知識の体系化を形成し、模倣困難な能力として、長期的な競争優位性を生みだしていく資産といえる。この行動体系と知識体系は、可逆的に考え方や経験による学習文化と情報文化を形成していく。また社員力は、現場層の自律的な行動による自己実現とエンパワーメントによる行動力であり、圧力や管理に従う指示待ち型ではなく、自発的な学習文化と情報文化を通して経営課題やビジネス・イノベーションに取り組む能力となる。

3　社員力、リーダーシップ、IT活用のトライアングル

社員力とリーダーシップ

　リーダーシップは、企業や組織の目的や方向性に対して、組織や人を動機付けて動かすことであり、単なる情報・知識だけでなく、自らの意思や行動に影響をしていくものでなくてはならない。そのためには事象や業務プロセスを正確に理解して、行動や業務プロセスをシステムとして定着化させることである。経営改革・改善には、思考的な計画策定と

実践プロセスがあり、業務活動の「場」の状況対応力としていろいろな行動パターンが取られる。人や組織が持つ変革力を一つの軸と考えれば、社員力は思考性の強い力であり、リーダーシップは行動力に影響すると考えてよい。二つの力について効果発現に要する時間とその持続時間の比較では、社員力の効果は、長い時間をかけて思考力を醸成したもので、効果発現は長い時間にわたって有効性を持続する。他方、リーダーシップは、行動力として対象範囲や浸透に強弱の違いはあるが、効果発現までに要する時間とその持続時間とも短いことが特長といえる。

　企業の競争力には、「表の競争力」と「裏の競争力」が考えられ、表の競争力は主に財務指標を意味し、裏の競争力は社員力として、人と組織の持つ組織能力を指している。企業の人や組織は企業の経営理念や経営ビジョンを共有し、価値観の整列化や知識・経験による能力を創造することが出来る。外部環境に企業内部の適応を進めていくためには、経営資源と戦略やビジネス・システムを適合させ、その創造・修正・追加の策定と実行のマネジメント力が必要である。それは、外部環境に適応して内部の経営資源を創造・修正・追加をすることと同義であり、成果の評価に基づいて行うものである。

　社員力は、企業の持続的成長や競争優位性にとって重要な要素であり、リーダーはその改革・改善にリーダーシップをもって取り組んでいくことである。特に現場の中堅社員は、過去の経緯にとらわれず積極的な意見を述べ、率先して実行を行い、計画・実行・評価をフォローするなど上位層のリーダーと一緒になって改革・改善の見届けを果たしていかなければならない。その進捗過程では、自律的に修正・追加などの施策を見直して、定着化を図っていくことである。

　また新たな価値創造はリスクを恐れず挑戦をすることであり、部門の将来方向や目標について組織を超えて共有し、柔軟な発想やアイディアを取り入れて実行に移す組織風土を作っていくことである。リーダーは、経営改革・改善の成功に関する情報を流通させることによって、成果に貢献した個人や組織のモチベーションを図り、さらなる社員力を磨いていく自己啓発に結びつけていく。またリーダーは、業務活動が楽し

くエキサイティングな活動とするために現場層への権限委譲を進め、現場層との信頼関係を高め、より高度な仕事への挑戦意欲と適切なインセンティブ制度を作り、組織学習の環境づくりと自己実現を進めていくことである。

社員力とIT活用

　社員力の強化はIT活用に依存している。それは、経済社会や企業の動向と経営状況に関心を持つことであり、企業内外のさまざまな情報を業務判断に活用することである。すなわちIT活用や情報活用は、業務活動の判断や情報処理にとって必須の要件であり、特に異常な事象に反応と対応の行動を起こすフィードバック機能といえる。IT活用の効果は、企業の業務目標の成果として評価され、国領［2004］の尺度は、ITケイパビリティ（IT活用力）とIT導入度の積であると提起している。ビジネス・システムは、ビジネス・プロセスから業務プロセスに展開されており、この業務プロセスを包摂する業務処理を情報処理機能が行う。業務プロセスの改革・改善は、企業取引のビジネス・ルールや業務ルールを合理性や効率性の視点から見直し経営品質の向上に応じて再構築を行う。

　岸ら［2004］は、ITケイパビリティの定義をIT活用の能力であるとし、IT活用は、組織コンテクストを調整して業務プロセスを繋ぐ情報処理と目に見えない資源の状況を把握するために情報システムを構築することであるとしている。また顧客価値の創造は、IT活用と情報活用が業務活動を支援する道具として、情報サービスを提供するという発想を指摘している。さらに競争優位性とITケイパビリティの関連性について、IT活用は独立した変数ではなくそれ自体のパフォーマンスは意味を持たないと強調している。IT活用は、直接的で自己完結的に資本のリターンや労働の生産性を向上させる独立変数として捉えるのではなく、戦略やオペレーション、あるいは関連する人・組織と連動して、その機能や要因の支援や調整を担う介在的変数として発揮させるべきであるとしている。

バーニー［2001］は、戦略論とITの関連性について経営資源とITケイパビリティを互換的な概念で捉えており、データ・情報などの情報資源と人的・組織資源は強い関係性を持ち、統合化や応用性によって、模倣困難性の特徴を発揮できると指摘している。模倣困難性とは、構成単位でのコスト、かける時間及び工数を度外視すれば模倣を可能にすることができるが、情報資源と人・組織資源の複合化から生まれる社員力は、構成要素の能力、経験、関係性、人的ネットワーク、予知能力や洞察力などが、統合化と応用性によって高いレベルの競争優位性を構築していくと考えられる。

　戦略・人・組織の領域を組み合わせたオペレーションのPDCAサイクルは、コミュニケーションを肝的機能としており、それはIT活用による社員力のレベルに相関するということができる。すなわちIT活用は、PDCAサイクルを支援するコミュニケーションと情報活用であり、職位の垂直、部門間の水平方向を問わず業務活動を通じて可逆的に社員力を醸成していく。従って社員力は、多彩な能力要因とITの活用を両輪として業務活動を活性化させ、その可逆作用の結果、社員力の強化に繋がっている。それは企業の業績目標に大きく影響を及ぼす属人的な見えない資産として人や組織に宿っているものといえる。

4　社員力の強化と課題

取り組みは一体感と見届け責任

　社員力は、経営者やリーダー自身が経営改革・改善の局面や状況に応じて現場に出向き、進捗状況や結果について見届けをすることから醸成される。リーダーは多様な経営課題とその改革・改善について、論理的な思考や手法と感覚的な配慮や気配りを取り入れ、コミュニケーションを通して実態の見える化と共有化をすすめていかなければならない。その実態の状況に関心を払い、日常の課題については直接的な参加や支援を行うことである。さらにリーダーは、外部の取引先と長きに亘る慣習

やビジネス・ルールの改革について、現場任せにすることなく長期的な立場に立って解決を支援しなければならない。また利害対立の課題は、双方の事実確認と主張から譲歩と調整を行い、合意を取り付けることである。経営者は、課題解決の擦り合わせに関心を持ち、現場層と一体感を持ち、その進捗状況や結果を見届けていかなければならない。

　経営改革・改善の取り組みの多くは本社のスタッフ部門が経営課題の解決策を策定し、指示型によるケースが多いが、現場側主導で、自律的で自主的な取り組み方法に改めることである。欧米流のトップダウン型の運用方式は、日本の企業文化や日本的経営システムにとって有効的に機能するといえない。むしろ日常の業務活動に密接に関連した課題に取り組み、また上位や下位の階層的な関係ではなく、対等な立場から課題の共有と組織学習をすすめていくことである。スタッフが部屋に閉じこもって作った企画・計画書が、独り歩きをする横行やその作成をもって仕事が完了という組織風土を断じて改めるべきである。

　企業環境への適応は、経営者自らが主導して企業内の経営資源の状況把握とSWOT分析などの手法によっておおまかな戦略を立て、オペレーション上の課題は、重要度、緊急度の優先順位に従って実行計画を立てる。策定作業はスタッフと現場部門のメンバーが現場に集合して、現場の第一線と膝を突き合わせて課題の実情や因果関係について事実確認をすることである。双方は、現場の状況や課題の共有をし、感覚的な肌で確認した実行計画を作成することである。

　経営者と現場層が実行計画書を共有して、課題解決についてそれぞれの立場からその機能と役割を果たす。そのチームメンバーは、定期的に課題解決の進捗状況を確認し、進捗や結果の評価を行うことである。その会議体では、計画通りに進まない背景や理由、因果関係を明らかにして、実行計画書の修正や追加を行い、次の行動計画に反映する。特に外部の取引先との利害関係に起因する課題は、調整や譲歩による解決や利得の試案を明らかにし、合意形成を取り付けるために粘り強い活動を継続する。この一連の過程こそが経営者とチームメンバーの見届けであり、思考性や協調性に基づく社員力を高め、経営改革・改善の組織風土

の醸成を進めるものである。

社員力の強化の課題

　社員力の強化に関する取り組みは、企業側と社員すなわち構成員側の両視点からのアプローチが必要である。社員力の強化は、人や組織が自律性と自己組織化によって積極的な改革・改善の取り組みから生まれるものである。個人は自主性や自律性による自己実現を図る志を持ち、組織は企業成長を続けていくために、計画や施策の創造や修正を絶えず行っていくことである。

　先行研究の組織能力について、デビット・ティース［2010］らは、長期的な視点から企業の競争優位分析の分析単位として「ケイパビリティ」に相当する概念を「ダイナミック・ケイパビリティ」と呼び、その意義は、経営組織の領域から現行の慣習や学習のパターンについて、統合化や再編成を行う、急速な環境変化に対応する能力であると指摘している。環境の変化が緩やかな場合には、組織の保有する経営資源を最大限に活用する戦略でよかったが、激しいスピードと変化に適応するためには資源ベース自体を創造・拡大・修正していく能力を強化させなければならないと指摘している。例えば、ダイナミック・ケイパビリティは事業ドメインの戦略策定として、M＆A（買収）、戦略的提携、新規参入、新しい生産プロセスや新しい製品の開発などに発揮される能力であり、企業の現在あるいは将来の外部環境に応じて経営資源を適応させていく準備手段でもある。

　筆者［2011, 2013］は、社員力には創造・拡大・修正に関する論理的な能力だけでなく、日本的な人的属性の強い組織内でいかに機能化させるかという論点を主張している。それは、論理的で技術的な取り組みだけでなく、感覚的な要素として障壁となっている暗黙のルールや業界慣行、そして内部の功労者や先輩への配慮や再生を指摘している。組織能力は、コミュニケーションと戦略的意図やダイナミック・ケイパビリティから生まれ、その推進要因は、論理的な情報・知識・経験・行動の断片であり、もう一つは感覚的な人と組織の感情、感覚器官の雰囲気、

配慮を指している。

　人や組織は、多様なIT活用による情報装置として情報処理だけでなく、空間を飛び交う情報と人間固有の感覚器官を融合させて、実に多様な情報・知識の交信を可能にしている。企業経営は、経営理念と経営戦略が両輪であり、潮流の読みやマネジメントは人や組織に宿る見えない能力と状況情報の受発信から得られる知識によって行われている。またマネジメントは、組織能力や仕掛け・仕組みに加え、感覚器官の助けによって人や組織を動かし、論理的なシステムと感覚的な感性によって実行することである。

　IT活用は経営資源の有形資源の調達と運用および無形資源の組織資源、人的資源そして情報資源の機能化とコミュニケーションに貢献している。SNS時代の企業は社会、市場など多くの利害関係者と電子空間を共有して、経営ビジョンや経営目標を発信し、社会共生と企業成長の持続性についてコミットメントをしている。そして社員力はそのコミットメントを担う使命があり、今後の課題は、眼前の財務的な業務目標だけでなく、持続的な成長のために外部からの知識や情報を吸収し組織風土と人材育成の強化に努めることである。さらに社員力は基本的な論理的思考力と感性力を高め、プロフェッショナル化を目指して自らの学習と自己実現をしていくことである。

参考文献

平野雅章［2007］『IT投資で伸びる会社、沈む会社』日本経済新聞出版社。
リチャード・バレー（Richard Barrett）著、斉藤省悟・駒沢康子訳［2005］『バリュー・マネジメント――価値観と組織文化の経営革新』春秋社。
（社）日本能率協会［2009］「2009年度（第31回）当面する企業経営課題に関する調査結果」（参照：http://www.jma.or.jp/news_cms/upload/release/release20091013_f00067.pdf）。
NTTデータ・NTTデータ経営研究所著、国領二郎監修［2004］『ITケイパビリティ』日経BP企画。
岸真理子・相原憲一［2004］『情報技術を活かす組織能力――ITケイパビリティ

の事例研究』中央経済社。
ジェイ B. バーニー（Jay B Barney）著、岡田正大監訳［2001］「リソース・ベースト・ビュー——ポジショニング重視かケイパビリティ重視か」DIAMOND ハーバード・ビジネス・レビュー 2001 年 5 月号、ダイヤモンド社。
D. ティース（David J. Teece）、C. ヘルファット（Constance E.Helfat）、S. フィンケルスティーン（Sydney Finkelstein）、W. ミッチェル（Will Mitchell）、M. ペトラフ（Margaret A. Peteraf）、H. シン（Harbir Singh）、S. ウィンター（Sydney G. Winter）著、谷口和弘他訳［2010］『ダイナミック・ケイパビリティ——組織の戦略変化』勁草書房。
湯浅忠［2011］「企業変革のダイナミック・ケイパビリティと情報活用の考察」日本情報経営学会第 62 回春季大会 予稿集。
湯浅忠［2013］『SNS 時代の論理と感性による企業改革——イノベーションの創発と組織能力の強化・拡大』関西学院大学出版会。

補　章

情報リテラシーとは?
現状のSNS社会を考える

> キーワード
> SNS、光と影、求められる情報リテラシー

1　SNS化の潮流は止められない

SNS化の潮流

SNSの潮流は第1段階がクライアント・サーバーシステムに始まり、現在、クラウド、モバイル、ビッグデータ、ソーシャルの構成要素からなる第2段階にある。第一段階の情報化の要素技術は三つの分野が考えられ、その第1は基盤技術的なものでハードウェアとしてデータ処理能力、オペレーティングシステムやデータベース技術がある。第2は通信技術としてネットワークとコンピューティング、パーソナルレベルでのコミュニケーションを可能にしたインターネットである。第3がアプリケーション領域であり、映像、音声・放送そしてGPSなどの組合せによるコンテンツの普及である。

第二段階として第1のクラウドは、インターネット上にグローバルに拡散したコンピューティングリソースを使って、ユーザーに情報サービスやアプリケーションサービスを提供するという、コンピュータ構成や利活用に関するコンセプトのことである。第2のモバイルとは、携帯可能な情報・通信機器や移動体通信システムで構成され、またその機能のために開発されたソフトウェアなどである。一般的な機器は良く知られ

ているスマートフォンやタブレットを指している。第3のビッグデータは従来のデータベース管理システムでは記録や保管、解析が難しいような巨大なデータ群をさしており、それは、単に量が多いだけでなく、様々な種類・形式が含まれる非構造化データや非定型的データもあり、日々生成・記録される時系列性・リアルタイム性のあるものを指すことが多い。市場の変化や消費者行動の細分化したデータの解析は、ビジネスや社会に有用な知見を導き、新たな仕組みやビジネス・システムを産み出すことに活用されている。

最後の第4のソーシャルは個人と個人のつながりを基盤として作られる人間関係のネットワーク（ソーシャルネットワーク）をオンライン上に構築し、そのつながりを管理、拡大し、情報拡散の機能を提供するサービス機能である。SNSの流れは最近、地域社会において環境保護や高齢者・障害者の医療・介護・福祉、そして子育て支援とまちづくりや観光等の分野に至るまで、多種多様な社会や生活の適用分野に活用されつつある。こうした動きに呼応して、住民、NPO、企業などの主体が、協働して取り組んでいるのが、ソーシャルビジネスやコミュニティビジネスといえる。

変わる経済社会

インターネットが人々の日常生活に与えたことは、誰でもいつでも情報の受発信と検索が可能になり、電子商取引等は一般的な商行為として認識されるようになっている。そうした利便性のプラス面に反して、色々な問題も生じている。ITと経済社会は変化とスピードの環境の中で相互に干渉や影響を及ぼし合い、ITの技術革新や経済社会の変化を加速させている。社会の変化の様相は制度・法律、倫理・道徳、規格・規制など、あらゆる組織のあり方が激しく変化し、社会を支える枠組の整備が十分出来ていない状態にある。

インターネットの普及の有様は、情報革命ともコミュニケーション革命とも言われて、社会の基盤や文明をどのように変えているのだろうか。それは「時間と場所」ないし「時間と空間」の概念の変革である。

その本質はそのスピードの速さ、今後の色々な可能性の深さや分野、社会的なインパクトの広がりの点で、蒸気機関やエネルギーの革新を中心としたかつての産業革命を超えるものを持つと言われている。単に技術・経済だけの問題ではなく私達の「くらし」と「いのち」に幅広くかかわるという文脈がある。今井［2008］によれば「経済文化」を新しく作り直す大きな変革期であると指摘する。その変革とは、人と人の間、人と組織の間、組織と組織の間における情報のやり取り、意思の伝達方法、交流の仕方、つまり「コミュニケーション」のあり方を変え、広い意味の「コミュニケーション革命」であるという。これはまた人と人、組織と組織の間の関係をどのように制御と調整をするかという機能の「コントロール革命」を必然的に伴う。新しいコミュニケーションは、一方で科学的な知識や情報の伝達・普及を進めるとともに、他方では、「原初的コミュニケーション」の復活をもたらしている。スマホによる若者の会話などはその典型例であり、人々の間の「関係性」をつくるための技術と技能であるといえる。社会における新たな「関係性」を築くことは、科学技術と論理が支配した近代社会を超えるためのキーポイントといえる。科学技術の高度な革新の結晶として生まれたITが、これまでの科学技術の問題点を克服する鍵を提供しており、関係性という人文・社会系の根本的問題の本質に迫っているところに、この情報革命の大きな意義と希望がある。

情報革命の本質はコミュニケーション革命である。コミュニケーションを通して伝搬する情報と知識はモノとは異なる性質を持ち、「個」と「個」の集合された組織体をネットワーク化する。経済社会における情報拡散は均一と異質の多様な社会を作り、社会性、合理性、人間性の多様性と多義性を進め、多くの分野において固有の概念や価値観を形成している。

企業が変わる

コンピュータが持つデータや情報とインターネットによって、情報の共有が容易になった。デジタル情報はコピーが可能で、使い減りがしな

くて品質の変わらないという特性を持ち、さらにあらゆる壁を乗り越えて情報の交換が行われている。伝達された情報は人や組織に宿っている知識と結合することによって、編集と融合が行われ、新たな情報や知識の価値を創造する。瞬時にして広範囲域まで情報の伝達が可能になり、その伝搬はユーザー数を幾何級数的に激増させる。インターネットの特性である、情報の双方向性、不特定多数性、リアルタイム性、密度を問わない拡散性が、経済社会と企業経営に大きな影響を及ぼし、既存の業務プロセスの見直しや新しいビジネス・モデルのビジネス創造を可能にし、ビジネスプロセス・イノベーションとマーケティング・イノベーションを誘発している。

　石井[2005]らは情報化が生み出す効果として二つの経済性とオペレーション機能の融業化を挙げている。二つの経済性とは範囲の経済性と速度の経済性である。範囲の経済性とは、異質な事業の組み合わせによって、経済的な効率が高まるという現象であり、それは情報資源の特質と活用によって次のように説明される。情報資源は、第1に仕組みさえ作れば、日常の情報処理によって自然に蓄積される、第2に何度も使え、色々な視点や使途のために使える、第3に同じものをいくらたくさん集めても価値は増えない、という性質を持っている。この特質を生かした事業の拡大戦略は、異質の事業分野において情報を統合化して全社の全体最適化を追求し、また新しい商品・サービスの事業分野を多角化し、さらにその共通機能について既存のインフラや流通チャネルを活用することが可能になる。

　速度の経済性とは情報を素早く把握することによって精度や確実性を上げ、資源のムダやムリを小さくすることができ、設備の稼働率や作業者の生産性に貢献する。計画や予測の精度の向上は、商品や生産過程の在庫を減少させ、また商品のライフサイクルが短命化する傾向にあって回転速度を上げる要因となっている。効果に関して第1は、仕事のスピードそのものが競争優位の源泉となり、顧客の満足度や関係性を維持する要因となる。第2は情報を利用することによって在庫回転率を上げ、財務視点の投資効率やキャッシュフローの改善に導く。第3はス

ピードを上げることによって発注 – 生産 – 流通 – 配送 – 販売のプロセスと連鎖していろいろな形のロスを少なくさせていることである。

　オペレーションの融業化とは従来の業種概念を取り払う可能性を持っている。融業化には縦と横の二つのタイプがあり、縦のタイプはメーカー、流通・卸、物流、小売という取引相手間の協業や融合化である。それは速度の経済性に関係して、縦に連鎖して各組織間でオペレーションの意思決定が同期化される。横のタイプは輸送業者が物販に乗り出し、小売業が金融に進出し、金融業の会社が情報サービスに進出するなど、多角化事業の横断的な融業化である。これらの新しいビジネス・モデルでは情報を核にした範囲の経済性が一つの動因となっている。

　今、企業はインターネットによって企業活動の経済性原理が変わり、業務活動にパラダイムチェンジが起きている。それはビジネス・プロセスや業務プロセスの機能評価や見直しによる再設計が検討され、また新商品・サービスの短命化に伴って、既存商品とサービス機能の融合化や差別化のマーケティングが探求されている。さらにワークスタイルの変化がある。SNS 社会では、企業と他企業や市場の消費者との間の電子空間によって、コミュニケーションと情報のやり取りが変わり、それに従ってワークスタイルの形態まで変えている。SNS は従来の企業間のビジネス・ルールが崩れ、新しいビジネス・モデル創造など協働と競合のマーケティング・イノベーションが台頭しつつある。

2　SNS 化の動きはこれでいいのか

経済社会の光と影

　IT が社会のインフラになって行く流れは変わらないし、そしてその影の部分が様々な問題を引き起こしている事態も枚挙にいとまがない。経済社会の人々がどんな社会を目指すかという意志次第で、毒にも薬にも変わる。SNS は社会を変えて行く影響力と効用として光と影の二つの側面を持っており、それは正か負の基準ではなく、濃淡や個人の評価

尺度に委ねられており、さらに両方の側面を併せ持つ二重性を有するものもある。

　光の側面はスピード化に加えて、効率化、分散化、多様化の三つが挙げられる。第一の効率化は情報の加工業務や共有化によってコミュニケーションが飛躍的に効率化され、そのために従来の仕事の仕組みと組織や人の編成・配置が見直されている。旅行サービス業などがいい例であり、従来の業務運用がインターネット上に移り店頭での接客業務は劇的に減少している。しかし、人間は単純な資源ではないから、その業務に従事していた人が、いきなり異なる職種や新しい任地に就くことは難しい。人材の適材適所を生かす配置転換のための新しいスキル習得の課題が発生する。これはイノベーションのジレンマとしてむしろ影の部分と言った方がいい。第二の分散化は機能や処理について中央集中型から分散型への移行を可能にする。本社部門の中央集中化による経営ビジョンや戦略の策定は明示化に止め、現場層と密なコミュニケーションの下でより現場側の現地・現物・現状の事実の認識に立って数値目標や管理指標の設定と実行計画を立てることが可能になる。三番目の多様化は、ポスト工業化社会の流れであり、従来の旺盛な需要を背景に、大量生産、大量消費のビジネス・システムについて合理性と効率性を追及してきたが、現在の飽和市場では、マーケティング戦略として細分化されたセグメントや「個」対応のビジネス・モデルが台頭している。インターネット社会ではITが「個」との電子空間におけるコミュニケーションと検索やマッチング機能を提供してマーケティング・イノベーションを起こしている。

　影の側面はリスクや犯罪に類する問題がある。商取引の新しいタイプのリスク増大は、もっぱらインターネットがビジネス利用に開放された1990年代以降の出来事である。インターネットは一般ユーザーがかなり自由にアクセスできる開放的な構造になっているため、従来の閉鎖的な銀行オンラインシステムなどに比べ、情報セキュリティの機能は安全性と堅牢性について脆弱であると言わざるを得ない。匿名性による愉快犯的な事件は後を絶たないし、またクレーム情報の横行など情報社会の

未成熟さによる現象がみられる。また情報化の拡散は個人や企業の情報漏洩やその不当な活用が大きな社会問題となっている。

経済社会と企業の人の行動

　ITの新しい基盤技術やサービス機能の革新は、社会や企業環境の変化を起こし、それは人のワークスタイルの変革と就労・就業の意識を変えようとしている。企業環境は市場のグローバル化、少子高齢化、働く女性の増加が進み、また日常の生活を通して情報収集が容易になり、情報検索をはじめ、コミュニケーションによって知見や価値観を結合し、新たなライフスタイルを創造して益々多様化の方向を強めている。

　ビジネスにおけるIT活用は、ビジネス・システムを実行する色々な業務プロセスを効率的に行うために、標的市場や顧客に情報サービスを提供し、新規顧客の獲得や既存顧客の関係性の維持強化を図っている。そして商品企画から受注・販売や生産計画・生産業務を経て流通チャネルや販売業務に連鎖していくのである。人と組織は業務プロセスの情報処理によるデータ・情報に加えて、社会や市場からディジタルとアナログの両属性を持つ情報の収集によって業務判断や総合的な経営の意思決定を迅速にすることが可能になったことである。

　情報はあらゆるメディアを通じて、国境・企業・組織を乗り越えて拡散し、情報の浸透は、均質社会と多様化社会をつくり、その多様化の現象は企業運用のパラダイムチェンジや就業のワークライフバランスの考え方が普及している。その結果、企業との間ではワークスタイルに基づく就労条件や生活スタイルに準じた就業形態など多様な制度対応が求められている。また社会では他者との違いを強調する集団層の突出を生み、存在感を訴えるクレーマーなどの現象がみられる。米憲法学者でシカゴ大学教授のキャス・サンスティンはネット内の集団分極化が起こり、付和雷同型と主義主張が先鋭化する集団に分かれ、コミュニティの仲間意識が強くなることと排他性や攻撃性を増す特性を指摘している。いずれも人は経済体の「個」としての強固な存在になってきている。

3　情報リテラシーのあり方

情報リテラシーとは

　情報リテラシーは広義的な意味として、情報機器の操作能力だけではなく、「情報を活用する創造的能力」を指し、情報手段の特性や理解と目的に応じたIT活用活動である。またそれは、情報の収集・判断・評価・発信に関する能力と情報および情報手段のIT活用力であり、"情報の取り扱い"に関する広範囲な知識・能力・技能としている。また狭義的には、「コンピュータが操作できること」を意味し、コンピュータやネットワークの基礎的な理解から、コンピュータやソフトウェアの操作、データ・情報の作成と整理、インターネットでの情報検索能力、プログラミング能力などである。

　1990年代にPCのビジネス利用が広がり、企業での情報システム部門とは独自に、業務部門が自らの予算と判断でデータの加工・編集による情報活用が行われ始めた。こうした業務部門（エンドユーザー部門）主導のコンピュータ導入や利用についてエンドユーザー・コンピューティングという言葉が使われた経緯がある。

　業務の実態を一番よく知っている業務部門が主導するエンドユーザー・コンピューティングは、経営戦略や経営改革・改善にとって有用な情報の加工や編集をする上で優れたやり方と言え、迅速な業務判断や意思決定に効果的であった。その効果の要件は業務部門自体に十分な情報リテラシーが備わっていることが必要である。しかし「特定部門が突出する」、「基幹システムと整合性がない」、「全社レベルでの最適化が図られない」などの弊害が出たため、ITガバナンスの視点から一元的なデータ定義や標準的な情報規程が求められ、全社的なクライアント・サーバーシステムの構成によって基幹と非定型処理形態のシステム構造になっている。

　最近のIT活用は、企業環境のスピードと変化によって迅速な情報システムの稼働や業務の変更対応のために、外部資源を活用しようとする

動きが活発になっている。これがクラウドコンピューティングと呼ばれるシステムで、インターネット上にグローバルに拡散したコンピューティングリソースを使い、ユーザーに情報サービスやアプリケーションサービスを提供するという、コンピュータ構成と利用形態に関するコンセプトである。また SNS の潮流は地域社会の、住民、NPO、企業など、様々な経済体が協業しながら、ソーシャルビジネスやコミュニティビジネスに取り組む方向にあり、社会生活や企業の業務活動の遂行や IT 活用の形態に応じた適切な情報リテラシーが求められている。

情報リテラシーの現状と今後の方向

有効的な情報活用は情報リテラシーによって、現在や将来の方向性に関する示唆を学ぶことは大変重要なことである。杉浦［2013］は情報リテラシーの現状について IT への過剰依存が招いた危惧すべき実情があり、それは情報リテラシーに関する教育に課題があると指摘する。IT への過剰依存は、その現象として、あふれる情報宝庫から安易なコピペ作業が見られ、人間固有の考える、創造する特性の消失という代償を余儀なくされ、学生たちは情報の洪水に流されて自分の考えや主張について自主性をなくしている。また How to や記憶重視の教育が、Why、so What の本質的な因果関係を考えることなく早急に正解を求め、インターネットの世界に助けを求めて安易な検索とコピペに走る憂うべき現状を指摘している。

IT がもたらす機能や処理の能力は、企業の経営課題と異常事態の発見や解決に大きな貢献をし、ビジネス・プロセスやマーケティングのイノベーションを誘引しているといえるが、そのジレンマとして社員の思考力や分析力などの能力低下を招いている。また経営者の中には現実の業務活動の世界と情報処理を行う情報システムの世界に関して十分な理解がなされていない者もいる。業務の世界は人間の感覚的な曖昧性と長い間の業務ルールや慣習に従う業務処理が多く、その対応は現在のコンピュータにとってシステム化と情報処理の限界を越えている。情報システムの世界のコンピュータは論理的に翻訳された処理プログラムによっ

てデータ処理のみが可能なのである。この二つの相違が理解されずコンピュータに幻想的な期待感を持つ経営者は今なお存在しているように見受けられる。

　情報リテラシーに関して重要な指摘が三点ある。一番目はビジネス・システムの機能化要件として、外部環境の変化に企業内部の経営資源が適応することであり、合理性・効率性の視点からアナログあるいはディジタル両属性の情報リテラシーによって業務活動を行うことである。二番目は全社的なデータの定義と情報規程の設定である。情報活用が部門内の情報処理から部門間や取引先との連携による全社的な最適化に活用されるために、データの一元化と情報規程の基準の定義が重要であり、情報リテラシーとデータ・情報が社内外のコミュニケーションの共通言語として使用される。三番目は、業務活動において情報を括目する情報リテラシーは、光り輝く眼で見、大きな耳で聞き、スマートな頭で考える力である。斉藤［2006］は、発想や創造のアイディア力がつく考える力の醸成について、多面的視点や、抽象化と具現化の往復思考、論理の組み立てなどを挙げている。それは見る力、聞く力、考える力とトライアングルで共進的な関係にあり、その練磨は現実の対話の相手や自分の頭の中でコミュニケーションをイメージすることを指摘している。

　情報リテラシーは、このように人と組織が実践する業務活動とIT活用の両視点からコミュニケーションの翻訳機能あるいは触媒機能ともいえる。最近の企業の経営課題は要因が余りにも多く複雑であり、解釈力の「地頭力」が取り上げられ、その能力を鍛える方法は、考える、会話する、書籍に学ぶ、イメージすることと指摘されている。情報リテラシーは事象のデータ・情報に基づくコミュニケーションであり、因果関係の解明の基本的な内省化能力である。さらに企業成長にとって経営改革・改善の重要な推進力であり、本書で強調する社員力の肝的機能を発揮する源泉の能力といえる。

参考文献

今井賢一編著［2002］『情報技術と経済文化』NTT出版。
石井淳蔵・渥美尚武編［2002］『インターネット社会のマーケティング――ネットコミュニティのデザイン』有斐閣。
杉浦司［2013］『新説　情報リテラシー――ソーシャル時代を生き抜くための情報スキル』関西学院大学出版会。
齋藤孝［2006］『アイディアを10倍生む考える力』大和書房。

【著者略歴】

湯浅　忠（ゆあさ・ただし）

学歴：　1968 年　　福井大学工学部応用物理学科卒業
　　　　2002 年　　関西学院大学大学院商学研究科博士課程前期課程修了　MBA
　　　　　　　　　大阪市立大学博士（創造都市）

職歴：　実務歴
　　　　日本アイビーエム株式会社
　　　　神戸支店長、本社ワークステーション営業部長、GF 事業本部西日本営業部長歴任
　　　　1996 年　　日本ビジネスコンピュータ株式会社取締役西日本事業部長歴任
　　　　2001 年　　ビジネスブレイン太田昭和主席コンサルタント

　　　　教員歴
　　　　2005 年～ 2012 年　大阪市立大学大学院創造都市研究科都市ビジネス専攻
　　　　現在：　大阪市立大学大学院創造都市研究科　非常勤講師
　　　　　　　　同志社女子大学現代社会学部／同大学院嘱託講師

所属学会：工業経営研究学会、経営情報学会、日本情報経営学会、創造都市研究

書籍出版歴
　　　単著『経営を活かす情報環とコミュニケーション』[2009]大阪公立大学出版会。
　　　共著『これからの IT 投資』[2011]（財）関西情報・産業活性化センター。
　　　単著『SNS 時代の論理と感性による企業変革――イノベーションの創発と組織能
　　　　　力の強化・拡大』[2013]関西学院大学出版会。

中堅・中小企業のビジネス・イノベーション
　　　　「関西 IT 百撰」から学ぶ三つの法則

2014 年 9 月 30 日初版第一刷発行

著　　者　　湯浅　忠

発 行 者　　田中きく代
発 行 所　　関西学院大学出版会
所 在 地　　〒 662-0891
　　　　　　兵庫県西宮市上ケ原一番町 1-155
電　　話　　0798-53-7002

印　　刷　　大和出版印刷株式会社

©2014 Tadashi Yuasa
Printed in Japan by Kwansei Gakuin University Press
ISBN 978-4-86283-171-2
乱丁・落丁本はお取り替えいたします。
本書の全部または一部を無断で複写・複製することを禁じます。